從「明天再說」到「現在就做」，為目標設定時限，不要忙碌一圈又轉回原點！

不焦慮的自律力

打破生活中的虛偽儀式感

樂律

- 下定決心節食減肥，最後卻忍受不了飢餓而暴食
- 想要鍛鍊肌肉線條，結果直接倒在床上滑起手機
- 說好不會再遲到了，仍然等到日上三竿也沒起來

張曉蔓 著

林瑯滿目的打卡群組、社群平臺各種勵志美照；
希望成為當中的一員，到頭來卻活得「本末倒置」？

目 錄

序言　　　　　　　　　　　　　　　　　　　005

第一章
間歇性自虐？所謂自律也許是場鬧劇　　　009

第二章
告別人性弱點，自律的背後是自由　　　　043

第三章
高手的自律祕訣，其實是方法對了　　　　075

第四章
自制力養成術：避免縱欲毀了你的自律　　111

第五章
忙到喘不過氣？自律其實不是這樣的　　　143

第六章
樂觀為底，心平氣和才有持久的自律　177

第七章
讓自律融入日常，成為你的生活標籤　211

序言

　　你是不是每天早早起床打卡，發限動，然後再睡個回籠覺？你是不是每天精挑細選護膚品，但還會挑燈夜戰看小說？你是不是為了湊夠一萬步，逼著自己非要多繞兩圈？你是不是……停下吧！你這不是在持續性自律，而是在間歇性自虐啊！

　　為什麼別人能輕輕鬆鬆成功減重，隨隨便便達成目標，你卻在痛苦的煎熬後，依然一無所得？這是因為你的自律並不是真正的自律，你所用的方法並不是正確的自律方法。

　　哈里斯・柯恩（Harris Kern）在《自律》（*Discipline*）一書中指出：「自律是你同你自己之間的一種合約。在任何情況下，你都必須遵守這個合約。你自己就是警察，一旦你違反了規則，你將必敗無疑。」

　　透過一個生活中的例項，我們會更容易理解他這段話的意義。當你決定使用「每天跑步5公里」這個方法來減肥時，你便與你自己簽訂了一個「自律」合約，你必須風雨無阻地每天堅持跑步5公里，這是合約的內容，也是合約的規則。

　　誰來監督你執行這個合約呢？你自己就是警察，如此一來，一旦你違反了合約規則，即有一天你沒跑5公里，那你

序言

便會在內心懲罰自己,你將會帶著這種負疚感繼續履行合約;如果再出現違反合約規則的情況,那你將繼續自我懲罰,直至你徹底無法履行合約,敗下陣來。什麼才是真正的自律?自律高手們都是用哪些方法自我約束的?自律過程中有哪些需要注意的事項?這些問題的答案是每個「苦自律已久」的人都想知道的,也是本書著重講述的。

首先一點,自律高手們並沒有我們想像得那樣「異於常人」,他們也是因為存在不自律的問題,所以才選擇用自律的方法去解決這些問題。他們之所以能成功,一方面有自身努力的因素,另一方面則是選對了自律方法。

選對自律方法很重要,有些人不自律是因為在情緒管理上存在問題,但他們選擇在時間管理上追求自律,如此「藥不對症」,自然沒辦法獲得好的「療效」。

本書介紹了一些高手自律的基本方法,同時還有針對性地從自制力、時間管理和情緒管理等角度展開介紹了更深層次的自律方法。但需要說明的是,無論哪一種方法,如果它是一成不變的,那它便不可能為所有人所用,只有讓方法靈活多變起來,才能讓它更好地匹配並解決我們的問題。

在這一點上,認清自己也很重要。很多人一提到自律,就馬上去找方法,這是忽略問題本質的做法。如果不知道自己不自律的根源在哪,胡亂找到方法,也是無濟於事的。出

於這種考慮，本書介紹了一些可能導致不自律的人性弱點，供讀者了解比對。

從現象到本質，是認識事物的基本方法，學習自律亦是如此，從不自律現象到不自律問題的根源，再到尋找自律方法，深入培養自律習慣，這是本書的邏輯，也是我們養成自律習慣的流程。

其實，與其用一次次的痛苦嘗試，換來一次次的失敗體驗，倒不如給自己放個假。

翻開這本書，你可以重新審視一下自己經歷的自律。待合上書後，也希望你能重新開始一段新的、高效的、愉悅的自律歷程。

序言

第一章
間歇性自虐？
所謂自律也許是場鬧劇

第一章 間歇性自虐？所謂自律也許是場鬧劇

早起打卡先繳費，大可不必

春風送暖，顧浩亮越發不想從床上爬起來。

鬧鐘響了三遍，按了三遍，顧浩亮還在被窩裡掙扎著。最後，他光榮地遲到了。

「喂，大亮，你這個月遲到幾次了？最少有三次了吧？遲到三次可是要扣半個月獎金的啊！」同事說道。

顧浩亮揉了揉眼睛：「別提了，其實晚上都很早睡，但不知道為什麼，早上就是起不來。」

同事笑著說道：「我上週加入一個『早起群組』，很不錯的，你也加進來吧！」

顧浩亮搖了搖頭：「鬧鐘都叫不醒我，群組有什麼用。」

原來，同事推薦的這個「早起群組」是專門為「想自律的人」準備的。每個人進群組前，要先繳納一筆費用。如果能在規定時間內打卡，到月底就能退還這筆錢，如果沒能在規定時間內打卡，這筆錢就要被沒收，拿去獎勵給堅持打卡的人。

「為了不讓自己的錢『打水漂』，我每天都硬著頭皮早起打卡，」同事頂著黑眼圈笑道，「看，我這個月都沒遲到過，你也試試吧！」

不知從何時起，這種「打卡群組」在人們的生活裡時興起來。

若說效果嘛，確實是有，很多人為了「錢不打水漂」早起、跑步、瘦身，但這種打卡並不能證明你的自律。就像頂著黑眼圈說自己「不再遲到」的同事，他只能證明自己起早過，卻不能證明自己好好利用了早晨這段時光。

熱衷於「打卡群組」的年輕人已經將「早起順便打卡」本末倒置，變成了「早起只為了打卡」。而且，靠與人分錢來維繫的自律根本不能算自律，這充其量只能算他律，說得再直白一些就是假性自律。這種假性自律，就是過分追求儀式感和結果，而忽略了原本目標的行為。

在我們生活中，類似「打卡群組」的假性自律行為還有很多。

擺拍式自律——健身房裡，一身漂亮運動裝束，妝髮整齊的女子騎在動感單車或站在跑步機上，一邊調整好手機，一邊找角度自拍，有的還會找路過的人幫自己拍照。

跟風式自律——昨天的限動是跟著健身達人練馬甲線，今天的限動是跟圖文作家學畫畫，明天的限動是跟著美食YTr直播做菜。他們的興趣來也匆匆去也匆匆，凡事都是淺嘗輒止，只有三分鐘熱度。

自殘式自律——為了考各類資格證件，要麼挑燈夜讀，要麼冰水盥洗，要麼頭懸梁錐刺股，知識點沒記下來多少，反而病倒了。

第一章　間歇性自虐？所謂自律也許是場鬧劇

其實，這些溢出螢幕的儀式感，都因為太注重形式和結果，而成為自欺欺人、虎頭蛇尾、消耗健康的假性自律了。如果假性自律過了頭，那便不能稱之為自律，只能稱其為「自虐」了。

國際範圍內，唯一連續兩屆拿下國際華語辯論最高賽事「國際大專辯論賽」最佳辯手的黃執中，就曾在《小學問》一書中指出，有些人在做出「改變自己」的決定時，會陷入「Do（做什麼事情），Have（得到什麼東西），Be（成為什麼人）」的行為迷思。

比如某個女生想減肥，人家問：「妳為什麼要減肥？」女生說：「因為想瘦（Do），想有馬甲線，想有細長的腿（Have），變成一個自信、漂亮的人（Be）。」

其實，這在心理學上是不成立的，正確的方式應該是「Be，Do，Have」。也就是說，你要從一開始就決定，要成為一個有自信的人（Be），然後想想自信的人是什麼樣子，比如很瘦（Do），等你達成了 Be 和 Do，就自然有了天鵝頸、馬甲線、細長腿（Have）。

文文總是忽胖忽瘦。每當男朋友說她胖時，她就不吃主食，外加花式運動。可是沒過幾天，她就因為補償心理和自憐情緒，瘋狂吞食烤肉和甜點。就這樣，文文忽胖忽瘦，一週減下來 5 公斤，三天就能復胖 6 公斤。

年前，文文又一次瘦了下來，而且這次保持的時間很久，周圍的人紛紛向她取經。文文沒有隱瞞，她實話實說道：「我之前因為不規律減肥，在體檢的時候查出了內分泌紊亂，所以我把瘦身的目標改成了健康。沒想到，飲食、睡眠和運動跟上來後，體重也跟著減了下來。」

其實，文文之前的自律就是假性自律。她透過各種不健康的方式，來達到瘦身的目的，最後，卻因為過程太難實現反而更胖。後來，她把目標從「減肥（Do）」轉換成「變成一個健康的人（Be）」，人也瘦到了健康的程度。

我們完全可以按照「Be，Do，Have」的方式來幫助自己自律。

◆ Be：在目標層面，不要誤將他律當作自律

文文在聽到男友說「妳胖了」時，因為在意對方的評價而做出了緊迫反應，這種心理其實更接近於他律。

自律的參照物是自己，與過去的自己比，你進步了，那你就是優秀的自律。這種自信感和滿足感會逐漸累積，最後凝聚成兼具審美與提升自我價值的自律，這種感覺會讓你自律的續航力更加持久。

他律的參照物是外界，是透過與別人相比，來獲得一種心理上的滿足。他律會讓你把自己的人生，活成討好別人、期待別人誇讚你的人生。可是世界上又瘦又美的人太多了，

第一章　間歇性自虐？所謂自律也許是場鬧劇

你總不會是最美的那個。最後，你只能在痛苦的心情中匆匆結束「自律」。

所以說，在做一項關於自律的決定時，你一定要思考這樣一個問題 —— 我到底想成為一個什麼樣的人。

◆ **Do：為了自律而自律，而並非是為了別的**

本節開頭，顧浩亮因為遲到問題而頭痛。其實，對他來說早起並不難，賴床只是因為他不知道起來那麼早要做什麼。

當我們處在身體乏累期時，為了保持良好的學習和工作狀態，我們就算多睡一下也沒有內疚感。有「早起」打算的人，通常是為了某件事 —— 吃早餐、晨跑、背單字等。而很少有人單純是為了早起而早起。

但「打卡群組」以他律為基礎，讓人們單純為了早起而早起。這就違背了自律的本來意義，只能算是一種偏執的假性自律，或一種為了產生安心感的目的性自律，這種假性自律是不會堅持長久的。

◆ **Have：不要讓你的自律缺乏效率**

很多人都喜歡在各種軟體上「走路賺錢」，可是真正自律的人不會這麼做。

首先，沉迷走路賺錢的人，都會忽略這樣一個原則 ——

早起打卡先繳費，大可不必

「不必抓住每一分鐘去自律，而是要抓住自律的每一分鐘」。也就是說，為了走路而走路的人們，只會盯著不斷上漲的步數，這種機械式目標反而會讓人更快懈怠。而真正自律的人，會將走路當作日常，他們沒有太多雜念和欲望，一邊聽聽歌一邊走走路，反而能堅持較長時間。

就拿讀書時代來說，筆記抄得整潔乾淨，卻對考題「一問三不知」的大有人在。他們將抄筆記（Do）的行為當成自律，卻不知自己早陷入了假性自律的惡性循環中。

其實，假性自律不過是加了水分和泡沫的自律，當我們想戳破泡沫，獲得真正的自律時，不妨先從以下三個方面，分析自己即將開始的自律是否有價值。

- 目標方面 —— 我設立該目標，是為了滿足自己的期待，還是為了滿足別人的期待；
- 行為方面 —— 我現在的行為，是為了達成目標，還是為了緩解自己的焦慮；
- 收穫方面 —— 我現在的收穫與我的付出成正比嗎？我的節奏是不是太快了。

只要想通了上述三點問題，大家就能明白自己的自律究竟有多少泡沫了。

多少人都被「用自律過『開掛』的人生」洗了腦，在這

樣的口號下，大家不自覺地邁開腿，開始了自己的「自律之旅」。

多少人在「自律能讓人開掛，自律能給人自由」這樣的口號下，開始了熱火朝天的自律之旅。可是自律能讓人生開掛，假性自律卻不能；自律能讓人們精神富足，假性自律卻不能；自律能讓我們心情愉悅，假性自律卻不能。

所以說，打卡先繳費，走路來賺錢，絕食加吃藥……這些真的 —— 大可不必。

用最貴的化妝品，熬著最晚的夜

　　網路上流行一句話：「用最貴的化妝品，熬著最晚的夜。」這話聽起來很酷，一下子就打動了熱衷熬夜的「夜貓子」葉小雨。

　　跟男神約會的前一天晚上，葉小雨痛痛快快地熬了個通宵，然後頂著黑眼圈去百貨公司買化妝品。但讓葉小雨覺得悲哀的是，她忽然發現自己根本買不起最貴的化妝品！

　　葉小雨揉著眼睛，心裡暗道：「完蛋了。」

　　這時，一個櫃姐舉著葉小雨沒聽過牌子的眼霜朝她招了招手：「我們這款眼霜裡面有人蔘、鹿茸等各種精華……而且現在做活動有五折優惠喔。」

　　葉小雨大喜，結果塗完後，她的黑眼圈不但沒被遮住，反而因為過敏住了院。

　　男神來醫院探望，看著兩眼紅腫的葉小雨嚇了一跳：「妳……跟我爺爺養的金魚好像。」

　　這種看似「傻白甜女主劇」的橋段，其實在我們生活中卻很常見。

　　大街上的步履匆匆，捷運裡的人頭湧動，站在上帝視角看，似乎每個人都在忙碌地奮鬥。尤其在大城市，快節奏的生活會讓你本人也堅定地認為「我在忙著奮鬥」。可是將時間

第一章 間歇性自虐？所謂自律也許是場鬧劇

轉換到正常速度時，人們才發現這渾渾噩噩的生活，不過是表面勤奮罷了。

白天的度日如年，讓我們覺得更需要放鬆心情。

怎麼才能撫慰上班的苦累心塞呢？當然是聊聊天，追追劇，滑滑限動和短影片，再上購物網站買買買啦！白天的度日如年，到了晚上卻變成光陰似箭。還沒怎麼盡興，時間就跳到了晚上十二點半。這時，你發誓再玩五分鐘就睡覺，可是這五分鐘不知不覺地變成了凌晨三四點鐘。晚上睡不好，白天沒精神。最後，你又開始了新一輪的度日如年。

有人說，當代成年人的注意力是急遽下降的。關於這點，其實並沒有什麼科學依據。因為我們在玩樂的時候精力一直是很充沛的，尤其是那些喜歡開夜車打遊戲，或者熱衷逛街購物的人，他們更不會有什麼注意力急遽下降的問題。

大部分人的注意力下降，都只是針對其工作時的注意力而言的。他們白天跟同事聊聊天，在網路上點點熱門話題，一直拖到快下班還沒完成一半的工作量。華燈初上，拖延的人們卻被迫熬夜，這種不得不熬的夜，也確實不配用最貴的化妝品。

有些人通宵讀書，成功從三流大學考上頂大研究所，這樣的人可以用「自律」形容，也配得上所有通宵的夜晚。可是有的人只學了五分鐘，卻看了一通宵綜藝，這樣的人不但白

熬了夜，還會對身體造成很大損傷。

《步步驚心》作者桐華曾說：「最終能讓人成功的，還是不帶任何功利心的興趣。」自律也是如此，最好的自律不是刻意的，不是看到什麼就跟風去做什麼。最好的自律，應該是從眼下做起，細水長流。

小趙一直想當個單車冠軍。後來，他大學畢業，走上社會，每天團團轉的生活讓他放棄了這個夢想，整天只顧埋頭賺錢。

後來，在大家的支持與鼓勵下，小趙買下了一臺三萬多元的捷安特，並配備了全套腳踏車裝備。小趙的社群貼文，從「現實與夢想背道而馳」變成了各種地點的騎行打卡。

冬天，縣裡有一個單車比賽，朋友們紛紛打電話給小趙。「小趙，好機會來了！」

「他們都是業餘的，你是專業的，肯定能拿冠軍！」

……

可是小趙出乎意料地拒絕了所有人，似乎他對冠軍夢並不感興趣。大家百思不得其解，直到小趙的女朋友說出了真相——你們沒發現，小趙照片裡的車很乾淨嗎？

原來，小趙一直是開車去的打卡地，玩夠之後，從後車廂拿出腳踏車，穿上自行車服，威風凜凜地站在腳踏車旁打個卡。這，便是小趙的「理想」。

假裝有理想，只會把「理想」變成自己的「設想」。

第一章　間歇性自虐？所謂自律也許是場鬧劇

　　比如想透過健身達到自律的人，通常會把時間浪費在「尋找健身房」、「購買健身裝備」上，其實他們連現在放下手機，下樓散散步都做不到；比如想透過減肥達到自律的人，通常會把時間浪費在「購買代餐產品」、「辦減肥會員」上，其實他們連下一餐少吃兩口都做不到；比如想透過看書達到自律的人，通常會把時間浪費在「購買一本好書」和「去逛書店」上，其實他們有一書架的書，但連一本都沒有看完⋯⋯

　　當他們沒有達到目標時，就會很委屈地問：「為什麼我明明努力了，卻越來越虛弱、越減越肥、知識儲備量越來越少？」其實，他們只是把理想做成了「面子工程」，卻忽略了最能代表自律的裡子。

　　只要我們願意，我們能裝出更多假性自律的樣子。比如穿上健身服，站在跑步機上假裝「揮汗如雨」，再比如購買一份漂亮的蛋糕，把它裝在盤子裡假裝是自己的「傑作」。可是，即便我們騙了朋友、騙了親戚、騙了陌生人，我們能騙得了自己的脂肪嗎？能騙得了自己的技能點嗎？這種假性自律，真的不要也罷。

　　大家都知道，「越自律，越成功」。

　　一個人越自律，越成功。真正的自律是這樣的：每天作息時間很有規律，每天的任務必須完成；不求樣樣精通，但總要堅持做一件事，一做到底，「不到黃河心不死」；不會炫

耀自己，也許從來不發文，但每年都有驚人的進步；非常注重健康的生活方式，有良好的習慣⋯⋯

德國哲學家海涅曾將「反省」比作一面鏡子，他認為「反省」能將人們的錯誤原原本本地照出來，這讓我們有機會改正自己。

如果你正處在假性自律階段，那就反省一下自己，不要用錯誤的方式生活，不要為了「虛偽的面子」而丟掉「真實的內在」，否則你的生活只會越來越迷茫。

《格列佛遊記》裡有這樣一句話：「盲目可以增加你的勇氣，因為你無法看到危險。」當你瞎忙時，只會看到自己的忙碌，卻看不到忙碌後你會收穫什麼。

有人在時，你忙碌給對方看，恨不得手腳並用地表現自己。可是沒人監督時，你就會懶散地滑滑手機，玩玩電腦，忙著應付工作。這種所謂的「自律」，不過是在敷衍自己。你社群網站裡的「照騙」就算能騙過別人的眼睛，騙過自己的心，也沒辦法騙過自己的成績。

熬夜不等於忙碌，我們一定要在對的時間做對的事，這樣才算自律。就算你真的能用得起最貴的化妝品，也不要用熬夜來證明自己用得起。

畢竟，早上 7 點半的太陽，可比凌晨 2 點半的月亮好看多了。

第一章　間歇性自虐？所謂自律也許是場鬧劇

同樣的一萬步，不同的失與得

Google 有位高級工程師，名字叫馬特・卡茲（Matt Cutts）。為了讓自己變得更加優秀，他特意制定了一份「三十天改變計畫」。

每天步行 10,000 步；每天騎腳踏車上班；寫一本 5 萬字的小說；每天拍一張照片；拒絕咖啡因；不玩推特（X 前身）；不吃糖；不看電視⋯⋯

總之，這份「三十天改變計畫」充滿了挑戰性。在一般人看來，馬特・卡茲肯定會半途而廢，但讓人沒想到的是，他竟然全部堅持下來了。

三十天後，之前那個肥胖的宅男不見了，取而代之的是一個健康的程式設計師。而且，他發自內心地喜歡上了騎腳踏車，甚至完成了去非洲最高峰吉力馬札羅山的遠足。

心理學家曾總結過這樣的一條規律──自律，前期是興奮的，中期是痛苦的，後期是享受的。誠如心理學家所說，自律到後期應該是享受的，可是大部分人都在自律的中期，也就是痛苦期徘徊了太久。時間長了，他們就會將自律與痛苦畫等號，這就是自律失敗的根源。

就拿走 10,000 步來說，10,000 步大約有 6 公里，自律的人認為步行 6 公里很容易，甚至根本沒想到自己要達成 6 公里的目標。他們只是覺得，走路可以思考人生，可以讓自

己快樂，所以不知不覺間便能走完 6 公里。可是有些硬性規定自己必須走 6 公里的人，他們會一邊走路，一邊盯著計步器，這個過程就是很漫長、很痛苦的了。

人們都覺得，自由就是想做什麼就做什麼，但事實上，自律的人才會更自由。極致的自律是能給人的內心帶來平靜與享受的，因為你知道，自己正在一天天地變好，這種自律會成為一種深入骨髓的習慣。

就拿美國著名演員李奧納多・狄卡皮歐來說。之前一提到他，人們腦中都會浮現出一張清秀英俊的面龐。而現在一提到李奧納多，人們腦中只有兩個字——「水槍」。而另一位好萊塢演員——20 歲就出演硬漢的傑森・史坦森，50 多歲身材依舊保持得非常棒。可見，自律可以讓我們活得更高級。

狄奧多・羅斯福——美國歷史上最偉大的總統之一——曾說：「只要你有了自律的能力，就沒有什麼事情是做不到的。」正如老羅斯福總統所言，自律這件事，說得容易做起來卻難。多少人羨慕別人的身材，可是了解對方的艱辛付出後，又迅速打起了退堂鼓。

一個缺乏自律的人，總覺得自己身邊充滿了誘惑，也總被他人的觀念所侵擾。就拿減肥這件事來說，缺乏自律的人會認為「朋友請吃飯」、「晚上有飯局」、「晚上加班」等都是對自己減肥的挑戰，可是自律的人能應付自如。

第一章　間歇性自虐？所謂自律也許是場鬧劇

比如朋友請吃飯時，我們可以選擇低卡餐來代替烤肉、烤串、火鍋等。即便吃烤肉、火鍋等高嘌呤食物，我們也可以選擇多吃點蔬菜，少吃點醬料等。至於晚上加班，則可以選擇牛奶、粥、水果、優酪乳等宵夜來代替燒烤、炸雞。

所以，身邊的誘惑只對缺乏自律的人產生作用。我們也不必拿以上藉口，來作為打破自律的藉口。

薇薇拒絕了同事的週末旅遊計畫，因為她有一堂攝影課必須去上。這位攝影老師很難約，薇薇相信會對她的攝影技術有很大幫助。同事們輪流勸她一起去玩，但薇薇就是「油鹽不進」。

同事小慧話裡有話地說道：「薇薇真是個有主見的人啊，我們這麼勸都不來，不知道的，還以為是看不起我們，不屑跟我們為伍呢！」

薇薇笑了笑：「下次吧，下次我幫你們照相。」

可是，薇薇每個週末都要去上攝影課。漸漸地，同事們出去吃喝遊玩也就不叫她了。薇薇倒是沒覺得自己被排擠，照樣按照自己的規劃走。

一年後，薇薇從公司辭了職，用一張攝影金獎的照片做了業內某知名公司的「入場憑證」，從此成為一名職業攝影師。她的薪資待遇比從前翻了幾倍，最重要的是，她做上了自己喜歡的工作，身邊也是跟自己有同樣愛好的人，她每天都很快樂充實。

正如小慧所說，薇薇是個有主意的人，她原本就沒打算在公司長待。所以，與其把休息時間浪費在維護所謂的「同事關係」上，倒不如用來充實自己，早日實現自己的攝影夢。

自律的人生可以像「開掛」一樣，但現實中很少有人能夠做到。就像薇薇一樣，她若想以平常人的身分，與一群專業的人競爭 offer，那就必須付出 200% 的努力才有可能。

可是，人是一種社會性動物，對於他們來說，失去比得到的影響更大。就拿同樣的 500 元來說，撿到 500 元的快樂指數可能是 3，但丟掉 500 元的痛苦指數則可能是 7。也就是說，對於一個普通人來講，丟掉休息時間去學攝影是件很痛苦的事，這便是存在於人性中的「損失厭惡」(loss aversion)。基於這種本性，人們通常會一邊逃避付出，一邊幻想所得。

比如我們一邊大嚼特嚼紅燒肉、披薩、蛋糕，一邊幻想自己擁有模特兒身材；比如我們一邊打遊戲、看小說，一邊幻想自己考上臺大；再比如我們一邊跟同事吃喝玩樂，一邊幻想自己能存下很多錢。這些都是缺乏自律的人常見的表現。

真正的自律，意味著我們要有所放棄，要懂得取捨，要懂得為人生做減法。想保持身材，就要跟垃圾食品說再見；要進修、存錢，就要拒絕吃喝玩樂的邀請；要成為學霸，就不能放縱自己熬夜打遊戲、煲電話粥。

第一章　間歇性自虐？所謂自律也許是場鬧劇

其實，自律沒有那麼難，因為它不僅僅局限於肉體和時間，它是一種思維模式的轉變。當我們的思維發生轉變後，「貪吃」、「懶惰」、「痛苦」、「憤怒」等欲望和情緒就會得到自然而然的控制。我們生活中常常能見到各式各樣的「班」——「七天速成班」、「二十一天速成班」、「一百天衝刺班」……可是最後堅持下來的，連總人數的 10% 都沒有。

當你將自律當成一種負擔時，那你每一分每一秒都是痛苦、煎熬的，可當你轉變思維時，你的自律習慣就遠遠不止七天、二十一天了。

那麼，如何才能將自律變成一種習慣呢？

◆ 設立具體目標

還是拿減肥舉例，我們來看以下兩種情況。

情況一：A 說，我要減肥，我要瘦成超模。

情況二：B 說，我要 1 個月瘦 4 公斤，每週瘦 1 公斤。

不用想，B 肯定要比 A 有計畫，而且 B 的成功率也會比 A 高。因為人們用具體的條文進行目標定義時，他們的成功性也會增加。而且，具體的目標也會成為維持毅力的關鍵。

一旦給自己定下目標，人們就會跳出日復一日的糾結，當我們 100% 投入某件事時，就能減少例外的發生。當我們將事情維持成定局時，那外界的誘惑也就容易被抵制住了。

◆ 每次只完成一項任務

很多朋友為了盡快讓自己變得優秀，通常會將計畫表列成這樣——半年內練出馬甲線、看20本書、通過某個考試、來一場說走就走的旅行……可是，毅力就像肌肉，用久了便會產生疲勞感。同時進行太多挑戰，反而會讓你一事無成。

有一個著名的意志力測驗：

100個人被隨機分成三組。A組的每個成員都獲得了一盤味道不怎麼樣的小蘿蔔，研究人員要求他們將整盤小蘿蔔全部吃掉；B組的每個成員都獲得了一盤美味的餅乾，研究人員要求他們將整盤餅乾全部吃掉；C組的每個成員可以隨意決定自己想吃的東西，也可以什麼都不吃。

在所有東西都被吃光後，研究人員要求這100名成員解答同一道難題（其實這道題並沒有答案）。A組成員平均堅持7分鐘就放棄了，可是B和C組的成員都堅持了大約15分鐘。由此可見，A組成員光是吃蘿蔔就耗費了大部分毅力，後期也就沒多少精力去解答難題了。

我們的毅力就像電池，每天早上充滿電後，我們會不斷消耗電量。當你用太多電去做一件事時，就沒有足夠電量做其他事情了。

所以，我們不能將精力分成太多塊，否則將會得不償失。

自律能讓我們的生活更加高級，希望大家都不要做欲望的奴隸。

第一章　間歇性自虐？所謂自律也許是場鬧劇

看書如嚼蠟，不如去打遊戲

「我真的堅持不下去了，」阿力痛苦地揉著眼睛，「我覺得我要累死了。」

阿力的女友小芙心疼地說道：「當初你說要考研究所，我覺得這是件好事，所以支持你。可是，你為了考研究所把身體搞垮，這就得不償失了。羅馬不是一天建成的，這些知識也不是立刻就能記住的，何必逼自己呢？」

阿力搖搖頭：「妳懂什麼，這都1月了，還有1個多月就考試了，我不逼自己一把，怎麼考得上啊。」

「今年考不上就明年繼續考嘛，」小芙說道，「你這麼逼自己看書，就能看得下去了？」

阿力擺擺手：「好了，妳別影響我看書了，趕快出去吧。」

小芙又氣又擔心，卻又不知道怎麼勸男友才好。

很多朋友都有這樣一個誤解：自律，就是逼著自己做不喜歡的事。

就拿阿力來說吧，他覺得自律就是逼著自己看書，就算累死，也是死在自律的路上。可是，會把人累死的行為根本不叫自律，只能叫自虐。

司馬光〈訓儉示康〉提到「由儉入奢易，由奢入儉難」，而這也是形容自律的最好詞彙。

與吃喝玩樂的「奢」相比，讀書、運動等需要耗費精神、消耗體能的行為則被稱作「儉」。這些「儉」很容易讓人產生厭倦、煩躁、疲憊、麻木等情緒，而這些情緒則容易讓自律行為中斷。

根據心理學家亞伯拉罕·馬斯洛的需求層次理論，「儉」與「奢」的結合點有三個層面：

◆ **生理層面**

人在沒有獲得補充的情況下長期保持勞累、專注等狀態，就會對身體造成過重負擔，也會影響健康。所以，人們需要在勞動過後喝點水，休息一下，這樣才能保證身體機能健康執行。

◆ **情感層面**

人都有社會屬性，每個人都需要傾訴，需要從他人處獲得慰藉、同情，也需要依賴與被依賴。在一段時間的辛勞後，人們需要休息一下，用聊天、八卦、打遊戲、看書、聽音樂、畫畫等方式來排解自己的情緒。

◆ **認同感層面**

人們需要透過做一些具有挑戰性的事情，來獲得對自我的認同。另一方面，人們也需要做一些「儉」之外的事情，來獲得反向的自我認同。

第一章　間歇性自虐？所謂自律也許是場鬧劇

　　這麼做就是為了延長毅力，為了能讓人們更高效地讀書和工作。一味「儉」的自律，無疑是低效且痛苦的。

　　何況，「奢」並非就是指沉迷遊戲、沉迷賭博、沉迷追劇等。這個「奢」指的是娛樂時間，也就是能自由支配的時間。在這段時間裡，你可以做一些放鬆身心的活動，比如看看電視、吃塊蛋糕，甚至可以用筆在紙上毫無意義地滑動。

　　我們可以站在娛樂的角度解讀馬斯洛的需求層次：

◆ 生理層面

　　困了、累了、餓了，可以小憩片刻、閉目養神或吃點東西。眼睛酸澀時可以眺望遠方，久坐可以站起來走走，也可以使用「番茄鐘」來具體管理時間。如果長期投入工作或學習，則可以在事情告一段落或事情暫時告一段落時讓自己放個假，外出郊遊和看場電影都是不錯的選擇。

◆ 情感層面

　　娛樂方面的情感需求很簡單，小到聊天，大到旅遊，都是情感娛樂的不貳之選。尤其是陪家裡人旅遊，或跟朋友聚餐、聚會、爬山、看電影都不錯。

◆ 認同感層面

　　自我認同感是娛樂方面最重要的需求了。當我們長期致力於某件事時，就會不可避免地產生疲勞感，而疲勞感也會

降低我們的效率，讓我們產生自我懷疑。娛樂能很好地調節這種心情，也能讓我們在短暫的休息後迅速提升效率。提升效率後，我們也會因為成就感而提升自我認同感。

雖然大家都知道要適當休息，但就像本節開頭的阿力，大家都會為了一些正事而忽略休息。最極端的情況，就是人們點燈熬油地做功課，從而大大消耗了身體健康。

「頭懸梁，錐刺股」似乎是傳統美德，不分晝夜地工作似乎才能證明勤勞。可是，過分的勤勞也是假性自律的一種，因為我們根本不可能長期保持高效狀態。

俗話說「欲速則不達」，這個詞在運動、健身上最為常見。

如今，健身已成為一種潮流，也成為自律人的標籤。很多人喜歡透過健身來證明自己自律，可大部分人的健身都沒有良好效果，其原因就是人們只注意了嚴格訓練，卻忽略了健身時必要的飲食和休息。

我們都知道，肌肉是在訓練中不斷被撕裂，然後在休息時進行修復生長的。所以，我們必須為肌肉的生長提供恢復所必需的休養。一味地鍛鍊而忽視休息，反而會取得反效果，對健康造成不利影響。

報過健身課程的朋友都知道，教練在為我們制定健身計畫時，都會將「熱身」、「休息」等放入其中，比如下面這張「1小時健身計畫表」：

第一章　間歇性自虐？所謂自律也許是場鬧劇

1小時健身計畫表

10分鐘「坡度3」的慢跑熱身；5分鐘伸展運動；1分鐘高強度跑；2分鐘間歇跑；1分鐘高強度跑；1分鐘調整恢復；1分鐘高強度跑；2分鐘間歇跑；1分鐘高強度跑；1分鐘調整恢復；10分鐘綜合運動；1分鐘調整恢復；3分鐘接力運動；1分鐘調整恢復；1分鐘高強度跑；2分鐘間歇跑；1分鐘高強度跑；1分鐘調整恢復；1分鐘高強度跑；2分鐘間歇跑；1分鐘高強度跑；1分鐘調整恢復；10分鐘「坡度3」的慢跑熱身，結束。

這是專業教練制定的健身計畫表，從這份計畫表中，我們能看到重複次數最多的就是間隔休息。除去熱身前後，我們能發現休息和運動之間的比例應該是1：1。

也就是說，良好的自律行為應該是休息、工作並行的，因為休息是為了更好地進入到下一階段的工作中。一個連時間和精力都無法管理的人，又何談自律呢？

若想讓工作和學習更有效率，我們最應該學會的就是管理自己的精力，而管理精力，首要的便是學會如何休息。

一份好的自律計畫，是應該將休息納入其中的。就拿一天八小時工作來說，我們需要將休息、喝水、走動、伸展運動等穿插其中，且每個活動的時間應當在5分鐘左右，如果太過勞累，還可以適當進行延長。

總之,自律是需要勞逸並舉的。如果將兩者撕裂,只注重工作而忽略休息,即便我們能堅持下來也不能稱之為自律,而且長期工作反而會得不償失。

我們自律是為了走得更長遠,可只有當坐下來休息時,才會發現自己其實已經很疲憊了。而坐下來休息後,我們才能有精力走更遠的路。所以,朋友們,在我們嘗試改變自己時一定要注意,千萬不要讓我們渴望的自律變成自虐。

第一章　間歇性自虐？所謂自律也許是場鬧劇

光鮮亮麗的社群貼文，
不會帶給你精緻生活

　　悅悅就好像在 IG 工作一樣，每天都要固定發照片和三五則限時動態。有時是自己做好的菜，有時是收到的鮮花和酒，有時是最近在看的書，就連路上的流浪貓、流浪狗，都是她 po 照的內容。

　　不過，悅悅的 IG 跟其他人也不一樣。她營造的基調就是「美好的生活」，所以，每張照片都是她精修過很多次的。這樣的悅悅，很容易受到人們的青睞。畢竟大家都喜歡熱愛生活、充滿正能量的人，人們也都願意靠近這種「高級感」的女性。

　　可是，只有悅悅自己知道，她的生活簡直是一團糟。

　　她目前是失業狀態，每天除了吃喝就是睡覺，不規律的作息讓她身材走樣，皮膚也逐漸開始暗沉。她每天都要發 IG，不然就會因為空虛的生活而焦慮萬分。可是，被「讚數」和「評論」捧上雲端的悅悅，在夜深人靜時，又會陷入更深的焦慮中。

　　不知從何時起，網路成了我們排解愁悶的重要管道。

　　在網路上，我們可以盡情打造自己的人設，假裝活成自己期望的樣子。可是，這終究是虛擬的平臺，它無法滿足你對精緻生活的嚮往。如果現實中我們不能付出相應的努力，

光鮮亮麗的社群貼文，不會帶給你精緻生活

那結果只會是鏡花水月，如夢一場。

有人一邊大吃大嚼一邊在 LINE 的個性簽名寫「減肥減肥」，有人在健身房裡默默地揮汗如雨；有人在限動發「打卡背單字第 N 天」，隨後把單字卡丟一旁追劇去，有人已經從首字母 A 背到了首字母 G；有些人天天都在打卡，到年尾卻銷聲匿跡，有人在社群平臺沉默了一年，卻在年尾發了某合格證書的照片。

真正自律的人，不靠經營社群依然能過精緻的生活，而將大把時間浪費在社群動態的「高階人士」，現實中大部分是「不懂自律，只好焦慮」的普通人。

是啊，你不肯改變自己，只會用虛榮包裝自己，生活又憑什麼優待你？

人生的問題有很多，但核心都能歸結到自律上。最好的生活狀態，無疑是自律的生活狀態。因為自律的人能更好地掌控生活，也能更好地掌控工作，也正是這樣的人，才能獲得生理與心理上的自由。

自律應該如何展開呢？答案就是抓住「關鍵的 20 秒」。

相信大家都有這樣的經歷——打算減肥，先囤一堆「代餐」；打算健身，先買一套裝備；打算讀書，先把桌子收拾完……這種儀式感看似是自律的良好開端，但其實白白浪費了自律的「關鍵 20 秒」。

第一章　間歇性自虐？所謂自律也許是場鬧劇

所謂自律的「關鍵 20 秒」，就是在決定成為一個健康／優秀／上進的人時，立刻做出相應的舉動。這是由美國正向心理學家肖恩（Shawn Achor）提出的方案，在肖恩看來，人的意志力是一個極其有限的資源，我們用得越多，意志力消耗得就越厲害。

比如減肥，當你決定透過減肥的方式成為一個苗條的人，那你第一反應應該是下樓散步、跳繩、跑步或在家裡做一組瑜伽，而不是躺在床上打開蝦皮看代餐、健身器材等，然後一邊吃東西一邊想：等貨到了再開始減。如果你把最初的熱情都放在這些「儀式感」上，那等貨到了，你的熱情也冷卻了，除了一堆你碰都不會碰的代餐外，你什麼都得不到。

肖恩曾在自己身上做過一個實驗，那就是在 21 天內養成每天彈吉他的習慣。當然，他失敗了，他自己總結出了失敗的原因，那就是前面提到的「關鍵 20 秒」。

肖恩的吉他放在壁櫥裡，壁櫥離自己很近，從壁櫥取出吉他只要 20 秒鐘，這 20 秒卻成為肖恩彈吉他的主要障礙——當他取出吉他後，能很快投入到練習狀態，他卻一直拖延，不願用這 20 秒去壁櫥將吉他取出來。後來，他將吉他取出，放在觸手可及的架子上，他彈吉他的習慣也就養成了。

所以，決定自律卻意志力薄弱的朋友，不妨利用「關鍵 20 秒」的方法。

就拿想健身的朋友來說，與其第二天一早花時間去穿運動服、找運動鞋，倒不如提前將運動服找出來放在床邊，將運動鞋放在床下。沒有睡眠要求的人還可以穿著運動服睡覺，這樣一來，我們一下床就做好了出去跑步的準備，也就沒有需要拖延的藉口了。

亞里斯多德曾說過：「優秀的人不是光有優秀的想法或感覺，而是必須要優秀地行動起來才行。」肖恩提議的「關鍵20秒」，就是促成我們優秀行動的開端。

我們自律不是為了給誰看，也不是為了什麼虛假的東西，而是為了一個心理學上的名詞──慎獨。所謂「慎獨」，就是在獨處時，在沒人監督的情況下，仍然能憑藉高度自覺做不違背原則的事。而高級的自律就是能做到慎獨。

在網路上過精緻生活，靠麻痺自我去營造一個光鮮亮麗的人設，然後被打回原形；在現實生活中努力自律，靠自己打拚出一個長久的天地。

聰明如你，會選擇哪一個？

第一章　間歇性自虐？所謂自律也許是場鬧劇

護膚還是玩手機？自律還是放縱？

有些人對自己的外貌、身材沒什麼要求，他們在閒暇之餘滑滑手機也不算痛苦。真正痛苦的是那些一邊大吃大喝玩手機，一邊又渴望自己變成型男辣妹的人。而他們，也是最需要透過自律來改變自己的群體。

護膚，還是玩手機？在這些小小的生活細節中，包含了我們對人生的選擇──自律，還是放縱？在勞累一天後，誰不想立刻倒頭大睡，享受當下放縱所帶來的短暫快感呢？自律的人，卻能習慣性地護膚10分鐘，然後再享受睡眠的喜悅。

我們很少能意識到，真正讓我們感到快樂的其實是自律。

當你做完一組拉伸、做完一次護膚、做完一次健身後，你的心情一定是喜悅的。即便這個過程可能會讓你感到痛苦，但當你完成目標後，你的心情一定是快樂的。當你因逃避而沒有達成目標時，就會發現短暫的快樂並不能彌補內心的空虛，反而會因為沒有努力而產生焦慮感。

德國古典哲學家伊曼努爾‧康德曾說：「自律即自由。」正如康德所說，自律能讓人們實現真正的自由，這種自由包括精神及物質兩方面的自由。而且，自律的源頭一定是冷靜，是認真反思自己需要的東西和欠缺的東西，然後決定透

過自律的方式改變自己。

很多人看到漂亮衣服就會腦子一熱──我要減肥！可是過不了多久，他們也會因為一塊看起來美味的蛋糕失心瘋，然後將減肥拋諸腦後。很多人因為一時衝動而自律，可是過分壓制欲望，最後只會讓欲望變本加厲地反撲，逼理智「繳械投降」。

「我決定1個月瘦30公斤，過年前減到50公斤，然後去旅遊。」如蘭在寶媽群組裡發誓道。

其他寶媽紛紛勸她。

「別衝動，要冷靜做決定。」一位寶媽勸道。

「我很冷靜，減肥這件事我已經想很久了。」如蘭回覆道。

「瘦太快對身體不好。」另一位寶媽勸道。

「肥胖豈不是對身體更不好？」如蘭回覆道。

就這樣，如蘭用自己的一套「道理」把群組裡勸她的寶媽們「嗆」了個遍。終於，大家都不說話了，紛紛幫如蘭點個「大拇指」，祝她成功。

三天後，如蘭在群裡分享了自己做蛋糕的照片，蛋糕上有一層厚厚的奶油，還有很多巧克力、棉花糖之類的裝飾。一位寶媽忍不住發了個「打臉」的貼圖，誰知如蘭卻毫不在意地又發表了自己的見解──「我都是當媽的人了，減那麼瘦給誰看哪」。

從此，寶媽群組裡再也沒人勸如蘭自律了。

第一章 間歇性自虐？所謂自律也許是場鬧劇

　　當你決定用 1 年時間瘦 10 公斤時，你可能會自律；但當你決定用 1 週時間瘦 20 公斤時，你肯定不會自律 —— 不如說，就算你堅持下來，你所謂的自律也只是假性自律。想要短期達到某個需要長期付出才能獲得的目標時 —— 比如短期瘦很多公斤 —— 那你只能做體重的賭徒，而且很大機率你會賭輸。

　　自律原本就是從一件件小事做起，你需要為自己營造一個長期穩定的環境，而不是光靠滿腔熱血去假裝自律。

　　當你想工作時，就把桌子上沒用的東西收起來；當你想減肥時，就立刻站起來去做一組健身操；當你想學某項技能時，就立刻搜尋相關的課程去學。

　　自律很簡單，大部分能堅持下去的人，都是在不知不覺間變得自律的。而那些習慣在開始自律前弄些「儀式感」的，大部分都失敗了。

　　很多人都說，自律很累，可是放縱反而會讓人更疲憊。那麼，在放縱與自律之間搖擺不定時，我們要如何讓天平倒向自律的一邊呢？

◆ 制定做事的優先順序

　　就拿減肥來說，當你制定減脂餐計畫時，偶爾會出現「公司聚餐」、「老同學聚會」等外食與減脂餐碰撞的局面。這時，你需要做一個決定 —— 是突如其來的聚餐重要，還是堅

持減脂餐重要?如果是堅持減脂餐重要,那就把外食推掉;如果是外食重要,那可以少吃一點,並且在回來的路上,用跑步、走路等方式來代替坐車。

◆ **把自律的生活方式當作目標**

自律並不是偶爾為之,它需要成為你的生活方式。所以,我們必須替自律設定長期目標。還是拿減肥舉例,長期健康飲食加適當運動,這叫自律。「一週瘦 5 公斤」、「一個月瘦 10 公斤」、「兩個月瘦 25 公斤」……這些都只能叫自虐。

◆ **向你的藉口發起挑戰**

「我都上了一整天班了,今晚不運動了,吃頓大餐補償自己。」

「我都讀一整天書了,今晚不複習了,晚上去打遊戲。」

「今天是中秋節,用來健身就太可憐了,不如去逛逛街。」

……

停!這些都是你不自律的藉口,為了完成自律,你必須學會向藉口發起挑戰。就像法國小說家法蘭索瓦說的那樣:「我們犯的大部分錯誤,都比用來掩飾它的方法更值得原諒。」當你否定藉口,堅持下去後,就會發現自律才是真的讓人自由的行為。

第一章　間歇性自虐？所謂自律也許是場鬧劇

　　俄國作家杜斯妥也夫斯基曾說：「如若你想征服全世界，你就得征服自己。」當你在放縱和自律之間選擇了自律後，就會發現，你已經離那個優秀的自己非常近了。

第二章
告別人性弱點,自律的背後是自由

第二章　告別人性弱點，自律的背後是自由

把邋遢當瀟灑，只是你不自律的藉口

「結婚四年，我都快不認識我老公了。」趙依琪一邊翻著婚紗照，一邊跟閨蜜抱怨道，趙依琪的閨蜜則深表贊同地點了點頭。

趙依琪和她老公大偉是大學同學，大學期間，趙依琪是大家公認的校花，能配上校花級別的男人，自然就是玉樹臨風的校草了。

那時候，大偉186公分的身高，體重卻只有75公斤，他是校籃球隊隊長，真正是「穿衣顯瘦，脫衣有肉」。更重要的是，他有一雙又大又亮的眼睛，一下子就把趙依琪俘獲了。畢業後，兩人結了婚，成為被人羨慕的一對。

誰知，婚後大偉慢慢發福起來。雖然還能依稀看出當年的清秀，但絕對不能說帥氣了。大偉那修長瘦削的脖子變得又粗又短，雙肩也寬闊了不少。最讓人惋惜的是，大偉曾經又大又明亮的眼睛，被臉上的贅肉擠小了很多，整個人的氣質也油膩起來。

趙依琪和閨蜜同時嘆了口氣：「唉，歲月是把殺豬刀啊。」

雖然人們常把「歲月是把殺豬刀」掛在嘴邊，但還有另一句話他們忽略了，那就是「歲月不敗美人」。就拿演員林青霞來說，歲月在她身上非但沒留下痕跡，反而讓她變得越來越有氣質，越來越有韻味了。

除此之外，劉德華、周潤發、周星馳、林志玲、趙雅芝……他們都用自己的方式優雅地接受歲月的洗禮。時間是公平的，他們卻能「越來越年輕」。

很多人喜歡用「老了」來為肌膚暗沉、身材發福開脫，可是「老了」不一定發胖，年輕人的皮膚也不一定就好。所以，我們的身體狀態，還是要看生活要求和標準，是不是毫無節制地放鬆。

就拿運動來說吧。不懂得自律的人，春天會用「倒春寒」等藉口逃避運動，夏天會用「太熱」等藉口逃避運動，秋天會用「秋乏」等藉口逃避運動，冬天會用「太冷了」等藉口逃避運動。總之，他們每天都能找到上百條不運動的藉口。可是自律的人不會認為四季對運動有什麼影響，就連雨雪天氣，也可以將室外跑換成室內健身操。這就是自律的人與不自律的人，在身材方面相差甚大的區別。

不懂得自律，卻渴望擁有好身材的人，會因為穿不上漂亮裙子、被女神嫌棄等感到焦慮，焦慮後，他們會選擇大吃特吃或睡一覺等方式「彌補自己的心靈創傷」。大吃大睡後，他們的身材會變得更加不好，於是，他們就陷入了更深的焦慮中……

大部分減肥的人，都無法長期保持穩定的體重。他們的體重起起伏伏，甚至還會出現「惡性循環（溜溜球效應）」的情況。

第二章　告別人性弱點，自律的背後是自由

　　年輕人的新陳代謝比較快，即便吃胖了，一咬牙餓上十天半個月的，體重也能「嗖嗖」地降下來。可是大部分人一過30歲，就會發現自己即便餓得頭暈眼花，體重也基本是紋絲不動的。於是，這些人開始自暴自棄，逢人便說自己「老了」。

　　二十幾歲時，小芬是同儕間公認的美人。她經常在IG發些健身的自拍或者精緻的沙拉。但是沒人知道，小芬私底下根本沒做過運動，也基本不吃沙拉。她最喜歡的搭配是泡麵、洋芋片、炸雞和可樂。小芬是易瘦體質，即便頭一天大吃大喝一頓，第二天依舊不會變胖。仗著自己的體質，小芬有恃無恐地過了幾年「好日子」。

　　結婚生子後，小芬的體重從45公斤直線漲到65公斤。看著自己腰上的「游泳圈」，小芬簡直要抓狂。她立刻為自己訂下了「30天瘦20公斤」的減肥計畫。可是，已經放縱慣的她又怎能突然一下變得自律？

　　閉口絕食－暴飲暴食－閉口絕食－暴飲暴食－閉口絕食－暴飲暴食……在這樣的循環中，小芬不但沒瘦下去，體重反而升到了80公斤，變成了一個圓滾滾的小胖子。終於，小芬放棄了，她根本割捨不掉泡麵、洋芋片、可樂、炸雞……

　　友人們紛紛為她惋惜，小芬則一臉無辜地說道：「人上了年紀都這樣，喝水都會變胖。」

　　人們紛紛點頭，是啊，曾經在健身房揮汗如雨，每天吃

減脂沙拉的女神，都沒能逃過「殺豬刀」的摧殘，何況是他們這些「凡人」？反正把時間浪費在健身房和健康餐上也沒有「回報」，那為何不讓自己的人生過得「瀟（邋）灑（遢）」點呢？

很多人都說：「上了歲數，去健身房也沒用，就算你揮汗如雨也不會瘦下來。」可是說這種話的人，真的每天都去健身房運動了嗎？即便他們每天都在健身房「打卡」，也不會真的按計畫運動吧？可是，這種看上去漏洞百出的話，有大把的追捧者願意相信。為什麼？因為人性總傾向於更容易完成的事情。

可是，一個連自己身材都無法管理好的人，真的能夠管理好自己的人生嗎？

我們一起來看看身材自律能為我們帶來什麼，或者說，我們值不值得花時間在長期的身材管理上。

◆ 身材自律能讓我們更健康

不同於唐朝的「以胖為美」和現代的「紙片人」，真正的身材自律，是讓身體達到標準體重和體型範圍。用身體質量指數（BMI）來說，標準身材的數值範圍是 18.5～23.9；用腰臀比（WHR）來說，男性的腰臀比正常範圍是 0.85～0.95，女性的腰臀比正常範圍則是 0.67～0.85。順便提一下——大部分女明星的腰臀比都是 0.7。

所以，實施身材自律的朋友們，不妨將目光從體重上移

開,轉而「進攻」身體質量指數和腰臀比範圍,這樣更能減輕脂肪帶給人體器官的負擔,也能幫助身體正常、健康地運轉。

◆ 身材自律能讓我們的精力更加充沛

不知大家注意過沒有,那些身材過於瘦弱的人,其免疫力也會很低;而那些身材過於肥胖的人,除了免疫力下降外還特別容易打瞌睡。所以,為了我們的精力更加充沛,大家也要注意身材方面的管理。

◆ 身材自律能讓我們更加自信

很多人都會幻想自己的身材。男人會幻想自己擁有健碩的身材,有六塊腹肌,「穿衣顯瘦,脫衣有肉」;女人會幻想自己的「S」形曲線,有修長的雙腿,「婀娜多姿,前凸後翹」。為什麼我們會經常幻想自己的身材?因為我們知道,這樣的身材能讓我們更加自信。

朋友們,相信大家對「自己值不值得身材自律」都有了答案。自律地工作,自律地運動,自律地讀書,自律地飲食,這樣我們才能自信地生活。

當我們足夠自律,那我們就不必因為年輕的面龐而沾沾自喜,也不必為了皺紋和發福惶恐不安。因為我們知道,保持最好的狀態,就能迎接最優秀的自己。

不懼老去,時刻努力,你值得更好。

僥倖：臨陣磨槍不快也不光

「小趙，你怎麼還吃泡麵啊，下週要體檢，我看你要超標囉！」同事小陳笑著打趣小趙。

可是小趙一臉煩躁地說道：「別提了，我們公司可真奇葩，體重超標還要扣獎金。」

小陳說道：「也不能這麼說，公司也是為了我們的健康著想嘛！」

小趙撇了撇嘴沒說話。

其實，小趙有自己的打算。他的新陳代謝一向很好，根據以往經驗，只要一週不吃晚飯，他就能瘦下去三四公斤，應付體檢肯定沒問題，畢竟之前也是這麼應付過來的。

很快就到了體檢的日子，為了讓體重更「標準」，小趙特意絕食了一天，只靠礦泉水來果腹。由於小趙所在的公司很大，排到他們部門時，已經是上午十點多了。

「咕──」小趙的肚子發出了悲鳴，他也變得頭暈眼花，喘不上氣。

怎麼回事？之前沒遇到過這種情況啊。小趙一邊想，一邊直直地向後倒去。身後的小陳趕緊扶住他，同時大聲喊著：「醫生！」

醒來後，部門主管一臉嚴肅地看著小趙：「你醒了？事情我都聽小陳說了，你這是低血糖，對身體危害很大的！我真

第二章　告別人性弱點，自律的背後是自由

的沒想到，為了應付體檢，為了不被扣獎金，你竟然做出這麼不愛惜身體的行為，你自己說說，公司怎麼放心把專案交給你？」

聽著部門主管連珠炮似的指責，小趙羞愧地低下了頭。

生活中，不懂自律的人常常會在「臨陣磨槍不快也光」的心理下，驅使自己做出不自知也不自愛的行為。他們平時放縱自己的欲望，不懂得凡事適可而止。尤其在飲食、運動和玩樂方面，他們更是不懂得節制。

雖然說，每個人在性格和處事方式上有差別，但不懂得自律的人，從根本上來說都是一樣的。他們喜歡抱著僥倖的心理，來對抗因為不自律而可能出現的後果。

「就吃一頓，不會胖。」

「少跑一天，沒關係。」

「再玩兩個小時，早上晚起一會兒就行。」

……

這些僥倖心理會讓人們的自律意識越來越薄弱，也會讓人們的生活越來越萎靡。能夠做到自律的人，通常做什麼事都喜歡腳踏實地，在制定某份計畫時，他們會先排除各種破壞計畫的可能性因素。而不自律的人，他們做什麼事都喜歡投機取巧，最喜歡做「一夜暴富」、「一夜暴瘦」的夢，他們在制定計畫時，都會對各種破壞計畫的可能性因素充耳不聞。

僥倖：臨陣磨槍不快也不光

可是，人生路漫漫，哪有那麼多捷徑好走呢？如果只會耍小聰明，那最後的結果只會是「聰明反被聰明誤」。

就拿開車這件事來說吧，每個司機都知道「開車不喝酒，喝酒不開車」，可總有些不自律的司機，會抱著僥倖心理——「哪有那麼巧，就能碰上查酒駕的？」「我喝酒海量，開車沒問題。」「就算撞到人了，還有『保險』呢，沒事！」可是，往往就是司機的這種僥倖心理，給自己和他人釀下大禍。

有些司機被抓到酒駕了，當時也確實後悔了。可是，等下一次有「酒局」時，他們還是會抱著僥倖心理，告訴自己「就這一次，保證下次不再犯了」。這次推下次，下次又推下下次，不自律的人總是這麼「僥倖」，最後只會自食惡果。

對自律來說，僥倖心理非常不可取，只要心存僥倖就會放鬆對自己的嚴格要求，也會放棄對自我的管理。這種不講原則、沒有分寸的自我欺騙行為，也一定會讓我們自己吃大虧。

成家立業後，李良棟就愛上了邊走路邊打遊戲——上班憋了一肚子委屈，下班又要回家看孩子、做家事、洗碗，可是要戒掉手遊吧，李良棟自問做不到，所以，他就將目光放在了上下班通勤時間上。

最開始，李良棟也知道一邊玩手機一邊走路的行為很危險，但「走路玩手機掉進下水道」、「走路玩手機被車撞」，

第二章　告別人性弱點，自律的背後是自由

這樣的機率又能有多少呢？再說，自己也不是一直盯著手機看，像過馬路、汽機車多的時候，自己肯定不會玩手機的呀！

在這樣的想法下，李良棟愛上了「邊走路邊打遊戲」。而且，一次兩次的僥倖「成功」，讓李良棟的膽子越來越大。終於，他在某天下班路上，被一個逆行的外送員撞飛，手機四分五裂不說，腦袋也被撞出個大包。

等李良棟清醒過來，大街上哪還有外送員的影子，早就跑了！在周圍人的目光下，李良棟站了起來──這下可長記性了！僥倖心理，真的會釀成大禍！

人們都知道走路不要看手機，可是走在大街上，還是有不少人捧著手機邊走邊玩；人們都知道「紅燈停、綠燈行」，但當紅燈亮起時，還是有很多人不遵守交通規則，橫衝直撞。這些人都是抱著僥倖心理行動的，而僥倖心理，往往是要付出代價的。

增強自律精神，這是消除僥倖心理最直接的方法。所謂自律，就是一種自我約束、自我管理，它不依靠外來力量的督促，只是遵從本心與習慣來遵守底線。從表面看來，自律的人似乎不自由，似乎活得很累，但事實上，只有自律的人才擁有真的自由，才能沒有後顧之憂。

僥倖心理和貪圖享受的欲望是自律的大敵，它們不斷給自律找麻煩，試圖讓自律消失。從人類本能角度看，僥倖心

理和貪圖享受比自律更容易被接受。「圖省事」是人類的天性，面對某件事物時，雖然人們明知道「管住自己」才是應該做的事，但在天性面前，大部分人還是會下意識地產生僥倖心理和貪圖享受的欲望。

每個人都有自己的欲望，有人追求金錢，有人追求名利。有欲望本身無可厚非，也能成為人們向前邁進的力量泉源。可是，如果為了貪圖享受或圖省事破壞自律，那反而會讓自己惹上麻煩。

因僥倖心理而中斷自律的行為背後，還有一個潛意識方面的原因，那就是──高估自己。當我們高估自己時，僥倖心理也就生成了。我們會忘記警示，也會忘記自己的初衷。我們將自己的未來寄託在運氣上，其結果只會是揮霍我們的人生。

僥倖是弱者的代名詞，自律是強者的護身符。克服僥倖心理和貪圖享受的欲望，我們的人生才能更加自由。

第二章　告別人性弱點，自律的背後是自由

上癮：奶茶是續命神器，別想勸我戒掉它

「喂，老是喝奶茶，這樣不健康吧？」一位女生勸好友道。好友則滿不在乎地狡辯道：「是奶不健康，還是茶不健康？奶跟茶放在一起，怎麼就不健康了呢？」

女生想了想說道：「奶茶裡糖分太高了。」好友則搖頭晃腦道：「生活這麼苦，還不准我喝點甜的？奶茶是續命神器，別想勸我戒掉它！」

2016年，茶類飲料成為美國、日本最主要的飲品，其銷售總量也超過碳酸飲料成為冠軍品項。這裡的茶類飲料指的並不只是茶水，它還包括風靡全球的一個大類——奶茶。

奶茶起源於17世紀英國貴族的下午茶活動。17世紀英國和荷蘭先後建立了東印度公司，根據史料記載和推斷，奶茶就是在那個時候從印度傳入歐洲的。英劇中所看到的奶茶，就是從17世紀開始走入貴族生活中的。

最初，人們喝奶茶是為了炫富。隨著奶茶的口味越來越好，隨著奶茶的品種——絲襪奶茶、波霸奶茶、珍珠奶茶、泰式奶茶等的不斷增加，人們又將奶茶與享樂畫上了等號。

在喜愛奶茶的人們眼中，奶茶不僅是一種享樂、一種美味，它更是一種時尚、一種舒適，是精緻人生的代名詞。有這許多標籤的加成，也難怪人們對奶茶上癮了。

癮，一個看似貶義的字，其實卻是個中性字。「手機上癮」、「遊戲上癮」是毫無疑問的貶義詞，但「自律上癮」是褒義詞。

自律分為三個階段——前期興奮，中期痛苦，後期享受。後期的享受，一定是建立在自律達成後，那種精力旺盛、頭腦清晰的基礎上的。而且，奶茶帶給人們的「享樂」，雖然與自律帶給人們的「享受」只差一個字，但兩者的意義截然不同。

很多人不相信自律也會上癮，但其實，真正讓人上癮的不是自律，而是自律帶來的狀態。就像電影《藥命效應》的主角艾迪，他因為一種名叫「NZT」的藥丸斬斷拖延症，學習和工作的效率也大大提升。他從一個拖稿成性的萎靡作者，變成了一個狀態極佳的「開掛者」，但是這個名叫「NZT」的藥丸讓他上了癮⋯⋯

現實生活中，我們並沒有「NZT」藥丸，但是有低成本、高安全的開掛方法，那就是自律。而且，就如同電影中的艾迪一樣，他不是對藥物本身上癮，而是對藥物帶給他的效果上了癮。他愛上了自己開掛的狀態，所以不願意回到渾渾噩噩的過去。這種成癮原因，就是人們從自律中獲得了甜頭，如果再讓他們回到渾渾噩噩的過去，他們肯定會不適應。

何況，不自律的人只懂得享樂，他們根本不懂自律才是真正的快樂。

第二章　告別人性弱點，自律的背後是自由

　　大學四年，趙廣川把自己的遊戲段位打到了最高，網路裡，他是人人敬仰的「遊戲大神」，是受人尊敬的「肝帝」。可是現實中，他多益連300分都沒有，剛一「畢業」，他就立刻「失業」了。

　　所以趙廣川並不快樂，因為他渴望拿到金色證書，渴望當一個學霸，渴望在現實世界中也被人敬仰，但他根本沒辦法控制自己。一到宿舍，大腦告訴他該學英語了，他卻一氣呵成地打開電腦、掛上遊戲。求職時，大腦告訴他該寫履歷了，可是他還是條件反射地打開LINE，招呼「有沒有人要一起打遊戲的」。

　　就這樣，22歲、23歲、24歲、25歲……年齡越來越大的趙廣川，情緒也變得越來越低落。吃飯問題已經嚴重影響了他的遊戲體驗，他買不起高階裝置，甚至連Wi-Fi也辦不起。

　　尤其到了二十八九歲時，趙廣川已經沒臉再伸手跟家裡要錢花。可是趙廣川別的本事沒有，心氣卻很高。他總想著：自己好歹是個大學畢業的，去當外送員、做保全，多沒面子啊？

　　終於，年輕時所謂的享樂，讓三十歲的趙廣川徹底絕望了。

　　自律的人與不自律的人，其快樂的狀態也是大不相同的。尤其是那些渴望自律卻管不住自己的人，他們一邊打遊戲、刷短影片成癮，一邊卻又討厭事後的空虛感。管不住自

己,是他們內心深處最刺痛的無力感。

蔡康永曾就「享樂」與「享受」做過區別,他認為,「享樂」與「享受」是完全不一樣的事情。很多人所謂的享樂並不是快樂,而且,如果一個人只懂享樂,那他的人生也會相對辛苦一些。

享受是一種更高的境界,人們可以因為舒適的事情享受,可以因為克服困難享受,也可以因為失去之後失而復得而享受。他的人生是充滿各種可能性的——他不會因為短暫的享樂而空虛,相反,他會因為享受而收穫頗豐。

由此看來,不自律的上癮是屬於「享樂」陣營的,他們只能獲得短暫的快樂,快樂過後,他們會陷入無盡的空虛和糾結;自律的上癮,是屬於「享受」陣營的,他們享受自律帶來的美好成果,也始終樂在其中。

有些人口味重,日常飲食也是重油重鹽、無辣不歡,似乎只有這樣才能喚醒味蕾。可是常伴隨他們的是火氣旺盛、內分泌失調、扁桃體腫大、口腔潰瘍等健康問題;當他們注意飲食健康並長期自律後,身體帶給他們的驚喜變化會讓他們繼續堅持,而且,他們也會發現食物本真的味道原來也這麼美味。

有些人覺得跑步很辛苦,下班回家只想躺在床上玩玩手機、看看影片。當有人問「你為什麼不運動」時,他們總會說

第二章　告別人性弱點，自律的背後是自由

「工作太累」、「沒有時間」。可是日本著名作家村上春樹從33歲開始跑步，而且每天都要跑10公里，所以「工作太累」、「沒有時間」的藉口，也就只是在哄騙自己罷了。

其實，自律與意志力並無太大關聯。就拿跑步這件事來說，自律者的跑步並非痛苦，他們只是享受跑步的過程，是真的認為跑步能帶給自己快樂。有些人「9點入睡，6點起床，堅持了20年」，很多人問：「你這麼折騰自己不累嗎？」但這是他們的生理時鐘，是一件自然而然的事情，如果強制讓他們晚睡晚起，他們反而會頭昏腦脹，渾身不適。

事實就是這樣，別人認為你的自律是「自虐」，可是實際上，你只是在「自嗨」。若不是真的享受過程，是不可能數十年如一日堅持的。

正如美國著名作家M‧史考特‧派克在《少有人走的路》中說的：「自律，就是一種自我完善的過程，其中必然經歷放棄的痛苦，但是舊的事物消失，新的事物才會誕生。」

所以，給自己一個對自律上癮的機會吧，在享受的過程中，你的人生也會逐漸開掛。

拖延：對不起，我又遲到了

「哎呀我已經出門了，別催了。」小林一邊刮鬍子一邊對著電話解釋。電話那頭是小林的女朋友，她已經等了一個半小時，可是小林還沒從宿舍出來。

「昨天說好了九點出發，這都十點半了，你一個大男人怎麼這麼拖拖拉拉啊？」小林的女朋友火冒三丈地說道，「我看你根本不想去看電影，算了吧！我回去了，你別出來了！」

「別生氣啊，我真的已經出門了，一分鐘，再等我一分鐘。」說完，小林立刻打開蓮蓬頭，沖水、抹洗髮精、沖水……然後又刷了個牙，穿好衣服，換好鞋。等下樓的時候，女朋友已經在寒風中凍得瑟瑟發抖。小林心虛地看了看錶：11 點 28 分。

電影是 11 點 20 分的，肯定來不及了。女朋友額頭上的青筋暴起，似乎想大罵男友一通。半晌，她深深吐了口氣，難掩失望地說道：「算了，分手吧，真沒意思。」

小林趕緊攔住她：「就因為錯過了一場電影，妳就跟我分手？」

女朋友大力甩開小林：「你自己想想！哪次不是我等你兩個多小時？哪有男人讓自己女朋友站在宿舍樓下等這麼久的？身為一個男人，你怎麼一點時間觀念都沒有？每次都這樣，每次都這樣！我在你身上根本看不到未來！」

第二章　告別人性弱點，自律的背後是自由

「我知道我拖，我跟妳道歉，我也想改，我也有努力，求妳不要跟我分手好嗎？」小林趕緊拉住女朋友的手，痛苦而真誠地說道。

誰知，女朋友黑著臉說道：「算了，你這話我已經聽膩了。你上次、上上次、去年、前年都是這麼說的。我就是太傻了，相信你的鬼話，相信你會改，結果呢？你用自己的行動，證明了你根本不值得被信任！你立刻給我放手，不然我就報警了！」

其實，小林也能意識到自己的拖延問題，也想改掉拖延，過一種更加自律、更加積極向上的生活。可是，他就是控制不住自己。很多人都有這樣的問題──他們無法長期自律，只能做到「間歇性躊躇滿志」。

比如走在大街上，突然看到一個前凸後翹的美女──她長相普通，身材卻火辣無比。這時，你立刻扔掉手中吃了一半的漢堡，勵志要減肥。可是，這股「雄心壯志」還未堅持到傍晚，你就被火鍋的香氣吸引到店裡，而後大快朵頤了一番。

再比如，你兩年未見的大學同學突然po了張買房的照片，你知道，你們的家庭條件差不多，學歷能力也差不多，而他完全是靠自己的努力買房。這時，你就會立刻發條限動：「要努力了！」

然後你就真的打開工作資料努力起來。可是十分鐘後，

你就被一條彈窗吸引，然後陷入到「痛並快樂著的階段」。這些都是「間歇性躊躇滿志」的典型例子。至於為什麼會出現這種情況，從自律的角度看，是因為如下幾個方面：

◆ **特別討厭這方面的事**

拿減肥來說。很多人減肥失敗，都是因為吃得多、運動少。可是對他們來說，不讓他們吃東西是件很痛苦的事，讓他們到健身房揮汗如雨也是件很痛苦的事。

漸漸地，他們心中的自律公式就變成了──吃是幸福的，不吃是痛苦的，減肥就是不吃，所以減肥等於痛苦。

事實上，他們完全可以轉變自己的想法，把自律過渡到喜歡的事情上。比如對待「吃」這件事，我們不要想著「今天只能吃一碗飯（平時吃三碗）」，而是要試著想「這碗飯什麼時候吃，配什麼吃」。這樣的思維轉換，能幫助他們養成長期自律的習慣。

◆ **總想太多未來的事情**

拿健身來說，很多身材不好的人，都會有這樣的幻想──透過健身成為肌肉達人，走在路上吸引男男女女的目光，女神也對自己表達了愛慕，最後被星探發掘，走上人生巔峰……其實，這種幻想反而會使人產生一種「我已經成功」的錯覺，我們幻想得越詳細就越容易沾沾自喜，後面的努力也會大打折扣。屢敗屢挫還會讓我們產生「無法成功」的

焦慮。所以，我們在自律之前不要想太多，水到渠成是最好的方式。

◆ **對一件客觀的事施加了太多主觀情緒**

與感受很多人會將這點和第一點搞混，其實這兩點是完全不一樣的概念。

還是拿減肥來說，蔬果粥、炸雞啤酒這兩種組合，隨便吃哪一套都能飽腹，可是我們會賦予炸雞啤酒更多的主觀感受──「炸雞啤酒讓人更有滿足感」、「炸雞啤酒是獎勵，蔬果粥是懲罰」、「吃炸雞喝啤酒是讓人開心的，喝蔬果粥是讓人傷心的」。其實，這些屬性和想法都是人們主觀賦予食物的，如果不將情緒與感受強加在食物上，就會發現減肥也沒有那麼困難，而且蔬果粥也別有一番風味。

分析了這麼多，我們又該如何做到用自律告別拖延呢？

◆ **訂定一個能看到進步的階段性目標**

沒有目標就等於沒有動力，有動力，就能更好地自律生活。就像考試，如果幫自己定一個小目標，每天做什麼、每週做什麼、每個月做什麼，那麼，當目標達成時，我們就有種「闖關成功」的感受，這也能讓我們有動力繼續下去。

很多人喜歡設定一個宏偉的目標，比如一個月瘦 20 公斤。這樣一來，他們每天都要瘦 0.66 公斤才能準時達成目標。前三天，這個數字似乎不難達到。可是越往後，他們瘦

得越慢。腹中的飢餓以及體重計上居高不下的數字，讓他們的情緒逐漸走向失控，最後只會變得暴飲暴食，放棄減肥。其實，拖延和懶惰都不是問題，最讓人惋惜的是 —— 你明明很勤奮，結果卻是白忙一場。

◆ **遠離手機**

手機是拖延症的根源。這句話雖然誇張，但我們不妨就這樣相信。因為對於大部分人來說，早上睜眼的第一件事就是關掉手機鬧鐘，順便查看各種聊天軟體、娛樂軟體等。通勤、上班、午休、吃飯、下班、休息……能讓我們 24 小時不離手的也就只有手機了。只要手機有電，哪怕沒網路，我們也能習慣性地擺弄半天。

我們不妨將手機鎖在盒子裡 15 分鐘，然後試著用這 15 分鐘去做別的事。一開始我們可能會很難熬，但到了 10 分鐘左右時，我們就會發現沒有手機好像也沒那麼重要。慢慢地，我們就會擺脫手機的誘惑，而拖延的一大敵人也就被我們擊潰了。

◆ **把重要的事情先做完**

我們要有這樣的心理暗示，那就是把最重要的事情先做完。要做到這點，我們就要將一階段的事情羅列出來，然後按照「重要－不重要」的程度進行劃分，並按順序將事情完成。

第二章 告別人性弱點，自律的背後是自由

對學生來說，他們可以按照「吃飯－寫作業－檢查－複習－預習－洗澡－玩遊戲－看電視」的方式進行。對一名有健身計畫的人，下班後，他們可以按照「吃減脂餐－熱身－運動－娛樂」的步驟進行。這樣就能避免出現「先躺一下再執行」的想法，因為「躺一下」並不在計畫中。

◆ 充分利用「瑣碎時間」

刷牙、吃飯、逛街等都可以算作瑣碎時間，因為我們能在這些時間裡「一心二用」。比如有健身計畫的人，可以在刷牙的時候做一組「肩胛回收運動」，也可以在吃飯的時候嘗試「胸部上提運動」，更可以在逛街的時候做一組「菱形運動」等。養成這樣的小習慣，我們就會在各種可以「一心二用」的場合進行小健身，這也能幫助我們養成習慣，繼而告別拖延。

當我們真正決定戰勝拖延，行動起來時，收穫的喜悅就足以讓人堅持下去。而堅持下去，就會獲得一個嶄新的人生。

固執：我是人間惆悵客，只和自己過不去

「綿綿，妳這樣減肥是很傷身體的。」媽媽擔心地說道。

「哎呀，妳別管了，這還不都怪妳，小時候讓我吃那麼多，害我從小就是個胖子！」馬綿綿朝媽媽吼道。

「可是，妳這樣不健康啊，妳白天還要上班，一整天光靠喝水怎麼行！」媽媽繼續勸道。

「妳別管我了。」馬綿綿甩下一句話摔門而去。

到了公司，馬綿綿已經餓得頭暈眼花。同事大鵬笑著打趣道：「仙女來了？今天又只喝露水吧？」馬綿綿虛弱地笑了笑：「等著吧，我非瘦成仙女不可。」

中午行政祕書幫大家訂了排骨飯，滿屋飄香，馬綿綿已經餓了三四天，聞到排骨味，腦子只覺得嗡嗡直響。同事小趙看到馬綿綿雙眼放光，有些尷尬地說道：「綿綿，要不要吃點？」

馬綿綿吞了吞口水：「好吧，就來一點，你說你，明知道我減肥，還非要誘惑我。」

小趙撓了撓頭，撥了半碗飯和兩塊排骨給馬綿綿，馬綿綿頓時狼吞虎嚥起來。很快，半份排骨飯就吃完了，馬綿綿還覺得不過癮，又點了份炸雞，點了把燒烤，來了瓶大可樂。咕嚕咕嚕吃下肚，馬綿綿滿足了。

第二章　告別人性弱點，自律的背後是自由

　　同事們看著馬綿綿搖了搖頭：這個人不知變通，誰也勸不動她，她這肥，恐怕這輩子都減不下去了。

　　很多人都喜歡「堅持己見」，比如堅信吃某某中藥可以減肥，且誰勸都不聽，非要等到吃出問題，才意識到這個東西是真的不行。當然，他們也只認為是東西不行，卻完全不覺得自己太偏頗。這種固執的行為會讓他們吃盡苦頭而不自知，最後只會感嘆一句：「我的人生怎麼這麼艱難！」

　　其實，固執的程度會隨著知識水準的提高而改變的。一個人的認知水準越高，他看待問題的思路就越多元化，對世界萬物的包容能力也就越強。相反，一個人的認知水準越低，其想法就會越單一，他們就會聽不進別人的意見。這也就正好能解釋，為什麼越厲害的人往往越謙和，而越無知的人越固執了。

　　「越自律越自由」，自律是能夠讓人跳脫固執的良方。很多人認為，自律是一件讓人討厭的事，因為自律就意味著沒有自由。其實，這就是一種堅持己見的固執。在他們心裡早已將「自律」與「不自由」畫上了等號，而且堅信這就是事實，所以後面的人說什麼都沒用。我們內心對自律的成見，就是造成自律失敗的罪魁禍首之一。

　　曾經有作家將不自律的人比作「情緒、欲望和感情的奴隸」，因為從長遠來看，不自律的人最終會敗給情緒、欲望和感情，這也會讓自己的人生走向失敗。所以，自律原本就是

幫助我們更加自由的，它不是讓我們犧牲享樂，而是讓我們享受更高級的生活。

自律一直是大部分人的弱點，所以，我們總會覺得「某件事我想做，但我做不出來」「某某東西我也想有，可是我沒有」。如果你正嘗試與不自律抗爭，那麼恭喜你，你已經嘗試拋開固執了，因為一個堅持成見的人，是不會認為自律能真正給予自己自由的。

「媽，妳幫我報兩個補習班吧，我想補理化和數學。」小南對媽媽提議道。

媽媽皺著眉頭說道：「上課認真聽，比什麼都強，幹嘛非要花錢報補習班？人家都說『樹大自直』，樓下小明媽媽天天在家打麻將，小明還不是照樣考第一？」

小南聽完媽媽的「理論」有點呆住，但還是忍不住說道：「媽，現在很多東西學校老師都講不到，都要報補習班的。我們家也不是沒錢，妳幹嘛不讓我去啊？妳要是不幫我報，就別再說我成績不好了啊！我是真的很努力讀書了。」

媽媽立刻揪住小南耳朵：「蛤？威脅我？你讀書是為我讀的？我們家錢是大風颳來的？你認真讀書了我怎麼沒看見，那天我還看你跟人踢球去了呢！你自己讀書不自律，一天到晚跟人家玩，我看你報補習班也沒用，也就是換個地方玩，還不如省省錢。」

小南只好無奈地攤手妥協，誰讓自己遇上這麼固執的家長呢？

第二章　告別人性弱點，自律的背後是自由

　　小南媽媽無疑是固執的，她已經將「補習班」和「浪費錢」畫了等號，又將「會讀書的孩子，在什麼環境下都能讀書」奉若「聖經」，也難怪聽不進小南的話了。

　　而且，小南媽媽還有個迷思，那就是「讀書就是要一直讀，從早讀到晚，如果你休息、放鬆，那你就是不自律」。這種方式顯然是對自律的割裂，因為自律原本就不是痛苦的事。如果固執地將「自律」與「痛苦」連繫在一起，那說明她本人也是個不懂自律的人。

　　那麼，我們要如何正確定位自律，並讓自律有效改善我們的生活呢？

◆ 要對自己有清楚的認知

　　小南對自己的認知就很清晰。他知道自己不是天才，也知道自己努力了，需要靠補習班突破自己。可是小南媽媽沒有一個清楚的認知，她拒絕小南報補習班可能是因為成見，也可能只是因為當時心情不好。總之，她無法清楚地認識自己，也不夠了解孩子，更不知道所謂「自律」是何物。

　　所以，我們在邁出自律這一步前，要先明白自己想要的是什麼，確定這個東西是不是適合自己的，然後才可以做出行動。試想，如果你本人都不清楚自己的行為是不是自律的，那又如何真正做到自律呢？

◆ 勇氣試煉

不犯錯的自律幾乎是沒有的，因為情緒、欲望和感情等因素會阻止你繼續下去。很多人都因為堅持的痛苦放棄了自律，但堅持下去的人就會迎接更優秀的自己。

事實上，我們不能假裝自律是一帆風順的。當我們遇到痛苦時，與其假裝這些事很容易，倒不如直白地告訴自己「這件事很難，但我要拿出勇氣堅持下去」。

強化你的承諾，能讓你在對待自律目標時保持清楚的大腦。畢竟，自律的代價總比日後後悔的代價低。

生活就像一場馬拉松，自己去跑，也要跟別人跑。而且，大部分人並沒有倒在終點前，相反，他們大多倒在半程之前甚至是起跑點附近。搖旗吶喊、賭咒立誓要跑第一的很多，可是真正能夠做到自律的很少。人與人的差距，就是這樣一點一點拉開的。

知名作家王小波說：「人的一切痛苦，本質上都是對自己無能的憤怒。」正如其所言，自律是解決問題的必要前提，也是消除大部分痛苦的手段。

固執的人會因為對自律的偏見而失去原本光明的人生，也會為此付出令人懊悔的代價。希望我們每個人都能摒棄對自律的成見，自在揚帆，駛向自己人生價值的彼岸。

第二章　告別人性弱點，自律的背後是自由

嫉妒：把眼光放在別人身上的人是最不幸的

小麗很討厭「紙片人」身材，這是大家都知道的事。

如果迎面走來一個極瘦的女人──碰巧這個女人還非常美麗──那小麗就會大為光火，一定要跟友人吐槽一番才舒服。

這天，小麗與友人相約逛西門町，剛到行人徒步區，一個穿著性感、長相美麗的「紙片人美女」就迎面走來。小麗與「紙片人美女」擦肩而過，滿臉都是不忿的神色。

「哼，以為瘦成這樣就可以勾引男人了嗎？男人還是喜歡微胖的。」小麗翻了個白眼道。

旁邊友人似乎已經習慣小麗的吐槽，只是笑笑道：「妳怎麼知道人家瘦是為了勾引男人？也許她只是單純地吃不胖呢？」

小麗撇了撇嘴，又道：「洗衣板身材還敢穿低胸T恤，也不知道誰給她的勇氣！」

友人笑著按住小麗的肩膀：「好了好了，不要說別人了，我們快去吃冰淇淋吧！」

晚上回到家，小麗甩掉高跟鞋，將肚子上的束腰摘掉，狠狠地吐了口氣。她滿腦子都是白天那個「紙片人美女」的樣子，臉上也露出了深深的羨慕和嫉妒──「唉，氣死我了，減肥減肥！明天吃沙拉吧！」

大家都知道，嫉妒是一個貶義詞。而且，我們在前面已經提到了 —— 當你自律的初衷是因為一時衝動嫉妒某人時，往往也達不到長期自律的效果。

我們可以將嫉妒分為兩類，一類是理性的嫉妒，另一類是非理性的嫉妒。

所謂理性的嫉妒，就是產生超越對方的欲望，比如更加認真地讀書、工作，再比如制定減肥、健身計畫。所謂非理性的嫉妒，就是採用一些極端的方法，如將對方拉下水，打擊、攻擊、侮辱對方等。

現實中，我們經常使用兩種嫉妒交合的方式來做出行為，那就是一邊貶低、攻擊對方，一邊做出極端的假性自律方法 —— 如絕食減肥、一口氣跑 20 公里、通宵背單字等。

其實，嫉妒可以成為激發自律心的動力，因為真正的自律需要滿足如下三個條件：

- 有強烈的欲望、動機與目標；
- 所做之事能讓自己產生滿足感與幸福感；
- 外部環境需要有激發性。

所以，我們在自律過程中，也要注意「嫉妒」這把雙刃劍。

第二章　告別人性弱點，自律的背後是自由

　　龍龍和小婕都是小提琴演奏家，可是，從年初開始，龍龍就決定不再碰小提琴了。小婕雖然覺得惋惜，但也表示理解，畢竟龍龍從那場獨奏會之後，就對小提琴失去了熱愛。

　　原來，龍龍和小婕從小就是競爭對手。當時，有一個被譽為「小提琴神童」的孩子，年僅12歲就開了自己的獨奏會。龍龍和小婕都跟著爸媽去聽了這場獨奏會。坦白說，「小提琴神童」演奏得非常出色，連一些專業的成年小提琴演奏者都難以與其比肩。

　　演奏完畢，龍龍的爸媽一邊咂著嘴，一邊對龍龍說道：「你看看人家，再看看你自己，真不知道人家孩子是怎麼學的……你沒有人家聰明，就要比人家更努力才行啊！」龍龍一邊不耐煩地聽著，一邊惡狠狠地瞪了「小提琴神童」一眼。

　　一旁的小婕父母也趁機對小婕說道：「小婕，他表演得是不錯。不過，爸媽更希望今天站在臺上演奏的是妳！」小婕燃起了鬥志，回家之後，她第一次主動練習起小提琴來。而且，她還對爸爸說道：「爸爸，從今天開始，我們每天都來練琴，好嗎？」

　　就這樣，原本對小提琴充滿熱愛的兩個孩子，其人生卻因為一場獨奏會發生改變。他們都產生了名為「嫉妒」的心理，可是結果完全不一樣。

　　龍龍的父母，本意是使用「激將法」激勵龍龍，卻讓龍龍產生了反抗心理。龍龍認為，父母更喜歡「小提琴神童」當他們的孩子，所以對「小提琴神童」本人產生了嫉妒心。

嫉妒：把眼光放在別人身上的人是最不幸的

　　小婕的父母是透過強化「小婕開獨奏會」的欲望，讓小婕對「小提琴神童」有能力開獨奏會這件事產生嫉妒心，所以，小婕願意主動練琴，因為她確實想站在這樣的舞臺上。

　　嫉妒可以成為自律的前提，但這種嫉妒必須滿足激發自律心的條件，否則，嫉妒只會傷人害己，讓我們的人生充滿陰暗。

　　俄國著名作家安德列耶夫曾說：「一個人最大的勝利就是戰勝自己。」當我們對某個人、某件事產生嫉妒心理時，就容易破罐子破摔，跟對方拚個你死我活、遍體鱗傷。而聰明的人懂得調節自己的嫉妒心，他們能將嫉妒轉化為動力，從而戰勝那個不夠明智的自己。

　　人們常說，自律的人生很苦，因為他們習慣了懶散的日子，突然要將日子過得有條不紊，他們會覺得習慣受到了挑戰。可是，只有滯後的人生才是苦悶的，當我們透過自律重獲新生時，又怎麼會覺得人生苦累呢？

　　嫉妒這種心理的產生，其實是因為我們的安全感、虛榮心等受到了挑釁。我們總會習慣性高估自己，當對方的能力比我們高出太多時，我們的挫敗感也會更強。這時，一部分好強的人會產生諸如「有什麼了不起的，我也可以」的想法，然後付諸實踐。

　　可是，因為一時衝動而產生的熱情，會隨著難度的加深

第二章　告別人性弱點，自律的背後是自由

而逐漸熄滅──這是正常的，沒有誰的意志力是無窮無盡的──事實證明，一個人如果很快就做了一個原本艱難的決定，那他在後來面對誘惑時，屈服的可能性也就更高。

我們都知道牛頓第一定律的內容──除非有外力施加，物體的運動速度不會改變──根據牛頓第一定律，我們可以推出「假設沒有任何外力施加或所施加的外力之和為零，則運動中物體總保持勻速直線運動狀態，靜止物體總保持靜止狀態」，也就是我們常說的慣性。

牛頓第一定律不但能解釋運動，也能解釋自律。

當沒有嫉妒這個外力存在時，我們可能會長期保持自我良好的感覺，並在這個感覺中保持長期靜止的狀態。當嫉妒過強時，我們會失去理智，原本處於長期穩定的狀態也會突然加速，但這種速度也會因為消耗過快而迅速消失，最後重回靜止。而自律則是一種長期穩定的外力，當這種外力形成習慣時，我們就能在更高級的狀態下保持長期穩定。

自律能讓我們過上開掛的人生，這種喜悅也會支撐我們繼續自律。當我們產生嫉妒心理時，先別急著否定自己。說不定，這就是我們迎接嶄新人生的契機呢！

第三章
高手的自律祕訣，其實是方法對了

第三章　高手的自律祕訣，其實是方法對了

制定目標，讓你的能量內循環

「我要減肥了。」敏敏捏著肚子上的肉，咬牙切齒地對同事阿達說道。

阿達對敏敏的「減肥大計」不置可否，因為她的計畫本幾乎被各種減肥計畫占滿了，可是她本人連一兩肉都沒減下來。

敏敏也不想知道阿達的看法，她興致勃勃地打開了一個新筆記本，然後工工整整地畫好了格子。敏敏想了想，自己新陳代謝快，而且基數大，一天瘦 0.5 公斤總是沒問題的。於是，她在格子裡認真地寫下：12 月 1 日，87 公斤；12 月 2 日，86.5 公斤；12 月 3 日，86 公斤；12 月 4 日，85.5 公斤……如果按照計畫走，元旦那天，她正好能瘦到 70 公斤。

第一天，敏敏瘦了 1 公斤，超額完成目標；第二天，敏敏又瘦了 1 公斤；第三天，敏敏體重沒有改變；第四天，敏敏不但沒瘦，反而胖了 0.5 公斤。敏敏有點煩躁，自己都快絕食了，怎麼還不瘦反胖呢？

到了第五天下午，心情煩悶的敏敏看到阿達正在享受他的下午茶。香甜的氣味充斥著敏敏的鼻腔，她再也忍不住，與阿達一同大快朵頤起來……

第 N 次減肥，失敗。

制定目標，讓你的能量內循環

很多人在制定目標時，總是將目標想得太簡單。他們認為，只要將要列的東西列好，然後按照計畫完成即可。就如敏敏，她甚至將減肥目標細化到了每一天。可是，每天減重 0.5 公斤不像每天做 10 個伏地挺身一樣可以量化。我們的新陳代謝，我們每日攝取的能量，我們每日消耗的卡路里都會讓這個數字有變動。所以，敏敏的目標並不成立。

我們列目標時，一定要讓所有小目標可量化，且所有小目標都要為大目標（終極目標）服務。比如減肥、健身的終極目標都是為了健康和美麗，那我們就可以為了健康和美麗制定一個計畫。

比如運動方面：每週的週一、週三、週六晚上 7 點跑 3 公里，週二、週四做 40 分鐘的有氧健身操，週五、週日晚上散步 1 小時。比如飲食方面：每週選擇兩天晚上只吃生菜沙拉，每天保證 10 種蔬菜和水果，每天吃肉不超過 3 小塊（三分之一牛排的量）。比如護膚方面，隔天敷一次面膜，每天出門前做好防晒，晚上做好補水。只要我們按照這樣的計畫來做，相信健康、美麗、瘦身等小目標就都可以達到了。

其實，自律的最終目標就是改變對身分的認知。我們要明確這樣一個常識──設定目標不能幫助我們變自律，它只能在前期達到輔助作用。

人類是一個很依賴「經驗」的族群，他們不會輕易改變固

第三章　高手的自律祕訣，其實是方法對了

有思維模式，也不會輕易改變自己的行為習慣。而且，人們行為習慣的改變需要經過三個階段：「結果的變化階段」、「過程的變化階段」與「身分的變化階段」。

◆ 結果的變化階段

我們設定的大部分目標——比如健身、減肥、考試等——都需要長期的堅持。練出馬甲線、瘦3公斤、期中考試考90分等都是一個短暫的結果，當你達到這個結果時，就等於達到了這一階段。

◆ 過程的變化階段

這個階段與我們的習慣有關，比如我們在執行了一段時間的計畫後，可以主動地完成計畫中的內容。就拿健身來說，我們最初需要鬧鐘或私教的催促而去健身房健身。當沒有任何外力迫使你去健身房，你卻主動將「去健身房健身」當作必修課時，就等於達到了這一階段。

◆ 身分的變化階段

這個階段與你的固有習慣、認知甚至信仰有關，當你從一個崇尚懶散的人，變成一個追求自律的人，那你的三觀、自我認知能力與對事物的認知能力都會發生改變。當你達到這一階段，才算真正做到了自律。

很多人雖然靠所謂的計畫實現了暫時的目標——有些人

甚至堅持執行了很長一段時間——但他們仍然覺得自律是痛苦的，是不自由的，那我們就不能說他們真正達到了自律，因為這份偏見和痛苦早晚會讓他們放棄自律。

還是拿減肥舉例，當一個人經過長期努力，終於成功瘦下 20 公斤後，他第一件事就是大吃一頓，然後放棄減肥——因為減肥太痛苦了。那麼，我們可以預見的是，他日後肯定會反彈，甚至會胖 25 公斤。一個正確堅持自律的人，在瘦下 20 公斤後不會有太大欣喜，也會繼續之前的食譜和健身方案，因為他已經習慣了這樣，而且他因為自己的習慣感到舒適，這才是正確的自律。

我們不妨想像這樣一個場景。

你遞給 A 一支香菸，A 委婉地拒絕了你：「不了，謝謝，我正戒菸呢！」

你又遞給 B 一支香菸，B 也拒絕了你：「不了，謝謝，我已經不抽菸了。」

A 和 B 誰能真正戒掉香菸呢？答案應該是 B。

在 A 的認知裡，自己依然是個菸槍，這次只是短暫的戒菸階段，如果戒不掉，還可以繼續抽下去。而在 B 的心中，自己已經不是菸槍了，抽菸已經成了過去式，所以他的戒菸會更加成功。

提到自律，絕大部分人腦中都會浮現「早睡早起」、「減

第三章　高手的自律祕訣，其實是方法對了

肥」、「運動」、「讀書」等詞，但自律不僅如此，它需要一個長期且整體的計畫，也需要十足的耐力與適應能力。

所以，當你因為自律而倍感痛苦的時候，不妨換個角度想一想──一個嶄新的自己馬上就要出現了，我們還有什麼不能堅持的呢？

及時止損,遠離正在消耗你的人、事、物

南維仁是一名雜誌社編輯,正當他在電腦前敲擊鍵盤時,一位多年不聯絡的國中同學突然在 FB 上找他,問他在不在。

南維仁也沒有多想,很快就回覆了她。接著,這位國中同學開始跟南維仁抱怨,說自己最近真的好忙啊,一邊忙著碩士實習,一邊要寫 3 萬字的論文。之後,又雜七雜八地傳了一大堆「我好忙啊」、「快忙死了」之類的話。

南維仁有些納悶,妳很忙關我什麼事?但轉念一想,他就明白了這位老同學的意思。不用說,肯定是找自己幫她寫那 3 萬字的論文。南維仁裝傻充愣地應付了一陣。不一會兒,老同學果然丟擲了自己的目的——希望南維仁幫她寫論文。

南維仁立刻委婉地拒絕:「妳的研究方向是建築,我是中文系的,對建築知識根本一竅不通啊。」況且論文還是 3 萬字,猜想要花兩三天時間,我們又不熟,憑什麼白白幫妳寫啊?南維仁心裡暗想。哪知這位老同學不識趣也不死心地繼續說道:「你可以找你們學校的建築系同學借書看看啊,書上的理論你隨便寫幾點就好了啊。何況,我的大致框架都讓同學幫忙弄好了,你就填點中間內容就好。這麼簡單的小事,對你這個大編輯應該是輕而易舉吧?都是老同學,幫幫忙吧!」

第三章　高手的自律祕訣，其實是方法對了

　　南維仁直撇嘴，3萬字是簡單的小事？在妳眼裡寫篇論文這麼容易，那妳怎麼不自己去寫？南維仁明確拒絕了她的要求，沒想到這位老同學立刻變臉，甚至發了條限動暗諷南維仁不近人情，做事冷漠，EQ低⋯⋯南維仁皺著眉頭，立刻封鎖了這位老同學。

　　人們常說，關係是需要維護的。正所謂「皇天不負有心人」、「只要功夫深，鐵杵磨成針」、「你拿真心對待他，他也會拿真心回報你」。可是事實上，對待那些許久不聯絡的「陌生人」，我們大可不必想得太多。畢竟我們很大機率會像那些想感化渣男的傻女孩一般，結果只會是「費力不討好」。選擇的方向不對，再努力也只是白費，及時止損才是最好的選擇。

　　及時止損是成年人最高的自律，這是受到廣泛認可的觀點。自律讓人成長，讓人能控制自己的思想，也讓人懂得精簡社交，過更高級的生活。

　　在生活中，我們應該如何做到高級的及時止損呢？

◆ 懂得拋棄沉沒成本

　　經濟學上有個詞，叫做沉沒成本。

　　舉個例子，一位教授帶著兩個學生去餐廳吃飯，那家餐廳正好有活動 ── 只要消費滿1,500元，就可以立刻回饋100元。三個人點了1,400元的菜，但這些菜都很難吃。

這時，其中一個學生苦著臉說道：「教授，我們再點兩個 50 元的蛋塔，湊夠 1,500 元吧，這樣我們還能拿到 100 元的回饋。」而另一個學生則說：「我們已經花掉了 1,400 元，就算你再點兩個蛋塔，也不過是再多吃兩個難吃的蛋塔而已，還不如直接走人。」

這裡面的「1,400 元」就是沉沒成本，專業點說，沉沒成本就是指那些已經發生的、不能由現在或將來的任何決策改變的成本。簡單來說，就是已經付出且不可收回的付款、投資、感情等。比如某個女孩愛上一個渣男，交往一陣子後覺得這個男的不行，但因為之前付出的太多了，於是委屈著過。最後嫁給渣男，懷孕了，生子了，婚後過得十分悲慘。

生活中，我們要面對的沉沒成本太多，如果不能理智地告訴自己「什麼才是我想要的」，不能理智地控制自己的行為，那就會造成更大的損失。

一個自律的人，懂得拋棄優柔寡斷，懂得捨棄眼前的東西，而換取更長遠的利益。那些能做到「當斷則斷」的人，不是因為冷漠，也不是因為他們不夠用心，而是因為他們懂得如果一意孤行地要做一段注定失敗的事，那肯定會被生活狠狠扇一巴掌。

作為一個成年人，最可貴的自律便是懂得及時止損。因為只有停止一件錯誤的事，才能開始另一件正確的事。開始

第三章　高手的自律祕訣，其實是方法對了

一件事前，你可以有很多理由，但拋棄一件事時，你只需要一個理由，那就是「這件事是錯的，我不能繼續下去」。

◆ 仔細篩查身邊人，他們給你什麼樣的感受

詩人汪國真曾說：「凡是能到達的地方，都屬於昨天，哪怕那山再青，那水再秀，那風再溫柔。太深的流連便成了一種羈絆，絆住的不僅有雙腳，還有未來。」

有時候，我們太留戀所謂的「羈絆」，卻在無意間被絆住腳步，拖得我們無法前行。所以，我們不妨停下來仔細想想，這些「羈絆」都為我們帶來了什麼。好的「羈絆」會治癒你，錯的「羈絆」會消耗你。面對消耗你的「羈絆」，我們不妨及時斬斷。

很多人不懂得怎麼區分「對的人」與「錯的人」。其實，只要我們稍微感覺一下，就可以知道答案了。在對的人身邊，你會感覺非常舒適，連心情都變得美好起來。而在錯的人身邊，你會感到很累，即便你喜歡他，想討好他，但你還是很累，會有一種「有力無處施」的感覺。

成年人的人生，已經走過了小半。我們應該認真對待餘下的人生、餘下的人，而不是在不值得的人身上浪費時間。及時止損，才能遠離負能量的人。及時止損，才能展開自律的人生。

◆ **記得擺正心態，不要急躁**

我們要明確這樣一個常識，那就是「壞事越早發生，好事才會越早到來」。

人生本就是「各有渡口，各有歸舟」，如果只為眼前的壞事懊惱，而不做出行動改變情況，那好事就不會來敲門。

我們需要擺正心態，拿出勇氣對壞事說再見。當我們不疾不徐、不急不躁地處理完眼前的壞事後，生活就會給我們驚喜。

其實，除了那些無法改變的壞事外，成年人遇到的無非以下幾種：

- 生活上──遇到坎坷，不如放棄沒必要的掙扎，割捨掉讓自己每天消沉的東西；
- 工作上──與同事關係不好，與上司關係緊張，與公司氣場不合，能解決就解決，解決不了，那就換個地方重新開始；
- 感情上──與其與渣男爛女藕斷絲連，不如尋找下一個更合適的好人。

壞事拖下去，就會讓好事更難發生。及時止損不僅說著簡單，做起來也不難。只要你願意邁出第一步，那麼快樂與自由的感覺就會督促你繼續精簡你的生活。

第三章 高手的自律祕訣，其實是方法對了

自我們成年的那刻起，我們身邊彷彿少了一些條條框框，也少了父母與師長的監督。這時，自律的重要性便更加突顯出來。

及時止損是自律的重要一步，也是最高級的一種自律。如果你當前正在經歷不好的事，那麼，請及時止損，然後重新開始一段更好的生活吧！

時間管理，活用你的時間

小張六月從大學畢業，畢業後，他直接簽了臺北市某家大企業。可是自從正式工作起，小張就發現自己的時間越來越不夠用了。

公司福利還不錯，只要在公司加班，公司就包辦員工的晚餐。但小張的住處離公司較遠，如果加班到晚上8點半，那他到家就是10點以後了。收拾收拾屋子，玩會兒手機，很快就到了12點鐘，距離第二天起床時間只剩5個小時了。在公司待了兩個月後，小張明顯瘦了一圈，整個人也是沒精打采的。

前輩阿明見小張心不在焉的樣子，忍不住問道：「我們公司是週休二日啊，怎麼感覺你還是休息不夠呢？」

小張不好意思地笑了笑，說：「週末啊，感覺自己也沒做什麼就過去了。」

阿明好心提醒道：「開始工作後，時間就會變得很快，你需要管理、約束自己，不然這輩子很快就虛無地過去了。」小張點了點頭，其實自己也明白這個道理，但具體應該怎麼做呢？他陷入了沉思。

對於成年人來說，時間管理是非常重要的輔助工具。時間管理帶給人們的不僅是省出的時間，更是一種自律生活的態度。

第三章　高手的自律祕訣，其實是方法對了

我們可以用多出的時間，去做自己一直想做卻沒時間做的事。在時間管理的過程中，我們也會養成良好的習慣。

早睡早起、每天喝 8 杯水、定期整理房間，這些都算時間管理的一種；學圍棋、學畫畫、看書，這些也都算時間管理的部分。正是這些微不足道的小事，幫助我們越來越自律，越來越進步，也讓我們的生活越來越高級。

在開始時間管理前，我們首先要做的是對自己的人生進行規劃。我們需要在白紙上列出自己的夢想，列出自己的愛好，然後根據這些來具體規劃人生。

比如一個程式設計師，她的夢想其實是當一名花店老闆。那麼，她就可以將花店老闆當作人生目標。要想做花店老闆，首先，要有足夠的資金支撐花店運轉，所以，她第一步是要存夠運轉資金。其次，花店需要貨源，這就要求她在閒暇時間多去走訪貨源地，或聯絡郊區溫室自己種植。最後，花店需要很多瑣碎的打理，如市場調查、定價、選址、裝修、宣傳等。當所有工作準備就緒，她就可以開始自己的夢想了。

如果沒有這份人生規劃，可能她這輩子就在渾渾噩噩中度過了，所以，我們需要給自己一個大目標，這樣才更能讓時間管理的價值發揮到最大。

而且，我們沒必要只列一個目標，因為人生是不斷變化的。我們可能會在深思熟慮後改變自己的夢想，也可能經歷了一段頹廢期又重新振作後，重新為自己規劃一次人生。

很多人認為這是朝令夕改、三心二意的表現，其實不然，這個步驟反而是必不可少的。因為每一次重新規劃目標，都能幫助我們重新認識自己，也能幫助我們審視自己過去的所作所為，這都是寶貴的經驗。

下面是規劃時間的具體方法，我們可以按照下述步驟進行自己的時間管理：

◆ 金字塔時間管理

拿出一張白紙，上面書寫「健康」、「知識」、「精神」、「工作／學習」、「個人／家庭」、「金錢」六類，然後為自己設定一個時間，如 10 年或 20 年。將自己的夢想分類寫到這張白紙上，比如在「健康」一欄，我們可以寫「增肌」、「減肥」、「護膚」等，在「知識」一欄中，我們可以寫閱讀 100 本書，在「精神」一欄，我們可以寫「保持活力」、「保持善良」等。

我們不必考慮它是否難以實現，也不用考慮夢想是否太遠，只要盡情想像未來優秀的自己，然後定好方向。而且，我們也不必將時間定在 10 年或 20 年，我們只需要有一個相對長遠的目標即可。

第三章　高手的自律祕訣，其實是方法對了

◆ 繪製技能樹

在畫完金字塔後，我們需要思考這樣兩個問題——為了達成金字塔中羅列的目標，我們需要什麼技能和資源？除了夢想之外，我們還有其他的愛好、興趣或渴望學到的東西嗎？

我們按照這兩個問題，將自己的技能、資源、愛好等畫成一棵技能樹，且每一個技能都要延伸出其他可以學習的技能。這樣一來，我們就能透過審視技能樹，來確定自己缺乏的能力是什麼，從而更好地進行時間管理。

◆ 分解目標

我們做好金字塔與技能樹後，就需要將這些未來展望分解成一步步具體的目標，並根據對人生的規劃，來進行具體的計劃制定。

分解目標是規劃人生中最讓人激動的部分，我們可以拿出筆，在前兩步列出的內容下方，寫出具體想做的事情。比如在金字塔「知識」部分，我們列出了 2 年內達到 BEC（劍橋商務英語證書）水準。那我們具體分解目標就可以列成「詞彙量達到 9000」、「提高口語能力」、「閱讀英文原著沒障礙」、「能夠不靠字幕看美劇」等。

為了達成上述目標，我們可以按照日、週、月、年等時

間進行內容分解。比如每天練習 1 小時聽力，每天練習半小時口語，每週背誦 150 個單字，每月讀完一本英文原著，每年參加一次英文學習講座等。

總而言之，當我們列出的計畫越詳細，我們的計畫可行性就越強，我們也越容易行動起來。

時間對於每個人來說都是一樣的，一天有 24 小時，一週有 7 天。人們無法延長時間，卻能透過對時間管理意識的培養來提高自身效率，讓生活變得更有品質。

人生的兩大財富，一個是才華，另一個是時間。才華越用越多，時間卻越來越少。為了讓時間更有效率，我們不妨對時間進行高效管理：

◆ 分配時間，堅持「要事優先」原則

相信大家都聽過「二八法則」，就是用 20% 的時間，產生 80% 的效率。為了讓這 20% 的時間發揮出最大功效，我們需要知道「目前什麼事情最重要」。

時間管理又稱精力管理，整體而言，就是讓人們把一段時間內的所有事情，按照「重要」與「緊急」分成兩個方面，然後再將這兩個方面細化為「既重要又緊急」、「緊急但不重要」、「重要但不緊急」和「既不緊急又不重要」四個方面。

比如疫情期間，大部分人都需要居家辦公、遠距上課。

第三章　高手的自律祕訣，其實是方法對了

那麼，辦公、上課這些事對我們來說就是「既重要又緊急」的。然後，我們可以以辦公、上課為主線，將其餘的事情安排好。「既重要又緊急」的事就像一塊大石頭，其他的事情就像各種小石頭，我們若想把石頭裝進瓶子裡，那一定要先把大石頭安排好，然後再把其他的小石頭插進去。

我們可以在每天早上，將今日最重要且緊急的三件事情列在清單上，然後告訴自己只要完成這三件事情就可以自由支配時間了。當我們養成這樣的習慣後，時間管理的思維模式也就初步形成了。

◆ 合理利用「碎片時間」

我們都知道，工作和生活中都有很多瑣碎的事。但很多人不知道，我們也有很多「碎片時間」可以去處理這些瑣碎的事情。

如果我們不留意「碎片時間」，那時間就會從我們的指縫中溜走。我們使用「碎片時間」，就可以省下很多時間來做真正有意義的事情。

我們可以使用候車、排隊、會議間隙等時間打電話、處理郵件，也可以利用搭飛機、高鐵等時間處理工作檔案等。這些小任務可以見縫插針地完成，這樣一來，我們就不必占用整塊的時間去處理瑣碎事件了。

◆ 形成規律，養成習慣

對於經常做的事情，我們可以安排一個固定的時間，為此，定鬧鐘是個相當不錯的選擇。我們可以定幾個階段性鬧鐘，提醒自己到了完成任務的時間，形成一種自發自覺的狀態。比如每天6點起床（定6點的鬧鐘），10點處理檔案（定10點的鬧鐘），晚上8點打掃環境（定晚上8點的鬧鐘）。只要鬧鐘響起，我們就立刻行動，這對習慣的養成是非常有幫助的。

第三章　高手的自律祕訣，其實是方法對了

情緒管理，不焦慮、不抱怨、不攀比

「你知道嗎？小劉又被老闆稱讚了。」阿星跟同事大偉吐槽道。

大偉無所謂地說道：「稱讚就稱讚，跟我們有什麼關係，小劉能力強，又會辦事，稱讚他不是很正常嗎？」

阿星不吭聲了。是啊，老闆表揚小劉，為什麼自己這麼焦慮呢？

小劉能力強，又努力，阿星總喜歡拿自己跟小劉比。可是，阿星能力不夠，平時做事也是得過且過，又不會說話辦事，猜想小劉都沒拿正眼瞧過自己，阿星拿什麼跟他比呢？

想到這裡，阿星又嘆了口氣。

「喂，你怎麼了？怎麼老闆一稱讚小劉，你就拉個『苦瓜臉』。你要是也想獲得讚美，就努力讓老闆滿意嘛！」看到阿星的樣子，大偉忍不住開口說道，「你都多大了，老闆誇獎別人幾句你就焦慮，你還是學著管理一下自己的情緒吧，我都感受到你滿滿的負能量了。」

阿星一怔，原來，自己內心的想法早就被人看透了。而且，他在周圍人心中已經成了負能量的代言人。一想到這裡，阿星更焦慮了⋯⋯

一個人最好的自律，就是懂得管理自己的情緒。

正如世界潛能激勵大師東尼・羅賓斯所說：「成功的祕

訣,在於懂得如何控制快樂與痛苦,而不是被情緒的力量反控。如果你能做到這點,那就證明你掌握了自己的人生,反之,你的人生就會變得失控。」若想自律,首先要管理好自己的情緒。

對成年人來說,情緒管理似乎是家常便飯。為了謀求利益,人們習慣替自己戴上面具,力求喜怒不形於色。

可是真正的情緒管理並不靠面具,也不靠忍。當我們產生憤怒情緒,且暫時壓制住憤怒情緒時,我們的血壓會瞬間升高,我們的腸胃功能也會紊亂,這些影響會直接導致我們免疫力下降,甚至誘發一系列疾病。所以,真正的情緒並不靠忍。

自律的人懂得排遣自己的情緒,就拿憤怒情緒來說,他們懂得接納這種情緒,然後將這種情緒排遣出去,而不是吞下去消化掉。

下面,我們就一起看看如何排遣自己的情緒:

◆ **用唱歌的方式宣洩情緒**

當我們內心煩悶時,不妨找個沒人的地方吼兩聲,如果離海邊、山上不遠,我們也可以選個人少的時間,去海邊或山上大吼幾聲。如果身處鬧市,我們可以直接去KTV點兩首慷慨激昂的歌曲嗨唱一番。

用唱歌的方式宣洩情緒,最重要的一點就是唱。要大聲

唱,用力唱,想怎麼唱就怎麼唱。不要顧忌有損形象,也不要顧忌走音破音,你只需釋放自己的情緒,好好地瘋一把。

◆ 用跑步的方式宣洩情緒

我們經常會聽到這樣一句話:「心情不好的話,就去跑跑步吧,出身汗就好了!」

從心理學角度看,這句話是非常有道理的;從科學的角度看,這句話也有其存在的原因。因為人在運動的時候可以加快血液循環,血液循環變快,就會讓人的心情變得更加輕鬆。

那麼,跑步法需要如何實行呢?一位心理學專家給出了三點方案:

- 當你受限於場地因素時,可以採用原地高抬腿跑步的方式;
- 當你沒有局限時,可以在公園裡、人行道和社區裡奔跑起來;
- 當你奔跑的時候,就會感覺身上的每一個毛孔都被打開,隨著汗液的流失,你那些悲傷、鬱悶、憤怒、壓抑的情緒也會隨之流失掉。

當然,跑步的時候不能帶給他人困擾,否則,別人的指指點點也會為你增添一絲陰雲。

跑步能為人體提供更多能量，同時，也能讓我們將內心的負面情緒有效釋放。跑步法在心理學中，也一直是非常實用的宣洩情緒法。

◆ **用撕紙的方式宣洩情緒**

不知從何時起，撕紙成了「低能」和「老年痴呆」的代名詞。

可是，撕紙非但與「低能」和「老年痴呆」等詞沒關係，而且還能幫助我們排遣自己的情緒。畢竟我們在生活中會經常面對負面情緒，當情緒積壓到一個臨界點時，我們就需要用合理的方式將其疏導出來。

吳文飛因為考研究所失利而坐在檯燈下黯然神傷。這時，他看到書桌上有一份過期的報紙。報紙上印著黑壓壓的文字，就像自己黑色的心情一樣，讓人壓抑不堪。

心中煩悶的吳文飛立刻將眼前的報紙撕成兩半，然後扔在地上。撕完後，他覺得心裡舒服點了，但還是有些壓力未能釋放出來。於是，吳文飛重新撿起地上的報紙，一點一點地撕成了碎片。

將報紙撕得粉碎後，吳文飛心情十分舒暢：一次失利不算什麼，還不如盡快著手新一輪的複習。想到這裡，他又一次坐到書桌前，拿起考試用的書看了起來。

撕紙法的原理，就是將自己的注意力集中在手上，然後試著把紙想像成負面情緒的源頭，再用力將它們撕碎。在撕

第三章　高手的自律祕訣，其實是方法對了

紙的過程中，不管你心裡在想什麼，都不要壓抑。只需將自己的情緒傾瀉在手中的紙上。每撕完一張紙，你就會感覺身體裡面的負面情緒被釋放出一點，再撕完一張紙，你就會感覺到更輕鬆了一些。

撕紙法的原理，其實就是把人體中的負能量轉化成視覺化的紙張，並且透過撕掉負能量的方式，達到宣洩情緒的目的。

◆ 用寫字、繪畫的方式宣洩情緒

當我們遇到傷心、憤怒、壓抑、無力等情緒時，可以用手中的筆（注意不是鍵盤）將心裡的負面情緒釋放出來。請注意！在寫東西的時候，你要用的一定是紙和筆，而不是鍵盤。這點很重要，因為文字從筆尖傾瀉而出的感覺，是鍵盤無法給予的。

我們可以將煩心事寫在紙上，再把自己準備對應的方法羅列在一旁。在整理的過程中，我們就可以將情緒排解出去，說不定，我們還能從整理情緒的過程中找到解決問題的好方法。

當然，我們還可以跟自己對話，並將與自己對話的內容寫在紙上。比如，我們可以扮演兩個角色，讓自己改進，然後再安慰自己、肯定自己。我們還可以使用畫筆，隨心所欲地畫出自己內心渴望的東西。這些畫可以是人物，也可以是

風景，還可以是一堆雜亂的幾何圖形和線條。我們可以隨心所欲，一直畫到內心平靜為止。正所謂十指連心，當我們的指尖握住筆的一刻，就等於和自己的心靈來了一場旅行。

情緒管理是自律的重要部分，也是讓我們走向成功的捷徑。我們在人前可以戴上面具，但是在人後，將情緒疏導出去才是最關鍵的部分。當然，我們也可以選擇把自己關在房裡痛哭一場。只要能將心中的煩悶宣洩出去，大哭一場又何妨呢？

第三章　高手的自律祕訣，其實是方法對了

克制欲望，推遲享受，遠離誘惑

張筱斐一直被各種罪惡感纏身，就連喝可樂都會有一種罪惡感──因為專家說，一罐330毫升的可樂，含糖量卻達到35克，這相當於7塊方糖。

看綜藝節目的時候，室友都被節目逗得前俯後仰，也只有張筱斐，一邊看一邊焦慮──有這時間，我都能看60頁書了。

滑IG的時候，那些晒成績、晒身材的朋友也讓張筱斐嫉妒。她一邊暗想「有什麼可炫耀的」，一邊又回想自己有什麼可以顯擺的。想了半天，她更焦慮了──自己根本沒有什麼能發社群網站的，除了吃吃喝喝。

張筱斐也想改變，可是，她克制不住喝可樂，克制不住看綜藝節目，也克制不住翻別人的社群網站，更克制不住自己對欲望的渴望。她想變瘦，想變優秀，可是，她又不願意付出相應的努力。就這樣，張筱斐在自己的欲望與焦慮中，離自己的初心越來越遠⋯⋯

大部分人選擇自律的初衷，都是為了掩蓋自己的焦慮。他們表面上的嚴謹自律，主要是為了展示給別人看，其實，這種透過表面自律來衡量自己與他人價值的心理，早就已經處在失衡狀態了。

就像一個滿身肥肉的人，即便他每天都去健身房打卡，

大家也不會覺得他多自律，充其量幫他按個讚，或說一句「加油」罷了。只有他真正將肥肉變成肌肉的時候，人們才會紛紛羨慕道：「哇，你真自律，向你看齊！」

所以，那些熱衷在社群網站進行自律打卡的朋友，通常不會堅持太久。因為他們需要調動很大的意志力去堅持打卡這件事，這就會讓他們難以對自律持之以恆。

自律，一定要真正喜歡、擅長，且有所回饋，才算是真正有意義。如果自律對你而言只意味著痛苦，那堅持下去也只是徒增痛苦，我們又何必為難自己呢？如果我們只把希望寄託在嚴謹自律而快速獲得改變上，那我們多半會變得焦慮、造作，也會把原本美好的特質變得急功近利。

自律應該是個人的選擇。比如有些人每天健身，每天分享自己的健身紀錄，每天晒減脂餐，他享受其中，也不是為了向誰「臭美」。再比如有人會因為焦慮打亂自己的步驟，他每天看別人分享健身紀錄、晒減脂餐就會焦慮，所以他需要封鎖掉這些「焦慮源」，並按照自己的節奏進行自律。

其實，大部分無法堅持自律的人，都是把主要精力放在了「控制行為」上。可是，與其控制自己的行為，倒不如克制自己的欲望，畢竟欲望才是自律的根本。

小呂覺得，成年人身邊的誘惑太多了。

吃不完的美食、追不完的劇、賺不夠的錢⋯⋯沒有父母

第三章　高手的自律祕訣，其實是方法對了

在身邊約束著，186公分的小呂，體重從65公斤飆升到95公斤，整個人也變得油膩起來。

一天晚上，小呂跟幾個同事吃燒烤。酒過三巡，小呂捏著肚皮上的贅肉說道：「哎，成年人的字典裡沒有『容易』二字啊！」

其中一個同事笑著說道：「誰說的？容易胖，容易窮，容易掉髮！」

小呂嘆了口氣：「沒辦法，成年人的世界誘惑太多了，每天上完班就什麼都不想做了，回家只想玩兩把遊戲。而且也沒時間做飯，餓了就點外賣。剛上班那時候，還常有人叫我出去打個籃球，逛逛街。可是現在呢，連床都懶得下。你們看，才工作兩年，我就胖了30公斤，看著像三四十歲的油膩大叔了。」

「誰說不是呢？」同事說道，「不過，同樣都是工作兩年，你們看我們部門的王若琦，還像個十七八的少年似的，身材好，臉上膠原蛋白滿滿，每天狀態也好，朝氣蓬勃的，真不知道人家每天是怎麼過的。」

是啊，小呂也納悶，王若琦還比自己大一歲呢，怎麼就西裝革履、自信從容呢？都說歲月是把殺豬刀，怎麼偏偏自己是豬，而人家就活出了歲月靜好呢？

想到這裡，小呂又喝了一口悶酒。

克制欲望，並不是要剝奪我們的欲望和需求，它只是一種更加積極的生活狀態。無論是克制身體欲望、生存欲望還

是精神欲望，都是為了完成更高級的目標，達到更高級的生活狀態。而克制欲望，在某種程度上也是衡量一個人是否成熟的象徵。

成年人的世界很寬，因為每個人都有自己的欲望，身邊的燈紅酒綠也會讓我們在欲望中迷失；成年人的世界又很窄，因為大家沉迷在自己的欲望中後，就很難拔出腳來邁向更廣闊的世界。

如果我們仔細觀察身邊那些成功的人，就會發現他們的共同目標就是會克制自己的欲望。因為他們知道，只有克制眼下的欲望，才能更堅定地邁向未來。欲望是動力，也是災難的源頭，自律是對欲望的疏導，也是讓我們走向更高級人生的臺階。

魯迅曾說：「當我沉默的時候，覺得很充實；當我開口說話，就感到了空虛。」其實，這就是對自我欲望的一種克制。成年之後，我們更要清楚放縱與克制的界限，也更要清楚怎麼做才算是真正地愛自己。對一件事情再沉迷，也要保留該有的克制，這才是高級的生活。

所謂克制欲望，除了克制自己的欲望外，也要克制自己控制別人的欲望。古語有云：「己所不欲，勿施於人。」我們經常會遇到一些控制欲過強的人，不停對我們提出要求，喜歡去評判別人，想讓所有人都按照他們的要求做事。這類人往往是最不成熟的，他們覺得自己很成熟，覺得自己高高在

上，其實卻過不好自己的一生。

我們每個人的價值觀、思想、行為習慣都是不同的，每個人都有自己獨特的標誌，我們不能將自己的想法強加給別人，也不能控制別人按照自己的欲望行動。

對成年人來說，自律不僅意味著克制自己，也意味著接納對方的不同之處。成年人最基本的自律就是克制自己的欲望，而最基本的自覺就是克制自己糾正他人的欲望。

堅持你喜歡的，克制你沉迷的，尊重你不理解的，這才是成年人最高級的自律。

自我控制，苦而不言，喜而不語

人人都說，小張是個狠人，但她不是對別人狠，而是對自己狠。

大學同學剛畢業時，身高只有160公分的小張，體重卻達到了85公斤，是個十足的小胖子。可是畢業後兩年，小張成功減下了40公斤，逆襲成了人人羨慕的女神。

大學同學聚會，大家為小張舉杯，小張毫不推辭地舉起了酒杯，室友幫她夾了塊滋滋冒煙的烤五花肉，她也不拒絕地吃掉了，只是又多配了幾口生菜。吃到八分飽，任誰再勸，小張也不動筷子了，只是一臉微笑地跟大家聊天說笑。

聚會完，大家提議去吃燒烤，然後再喝一輪，小張笑著說道：「不去了，今天已經超標了，我得去健身房跑個10公里再回家，明天還要上班呢。」

大家紛紛豎起大拇指：「真不愧是小張，都快9點了還要去健身房，怪不得從『張小胖』逆襲成了『張女神』。」

小張笑著擺擺手，往健身房走去。其實減肥與聚餐，一點都不衝突。

很多人在減肥時，都會拒絕別人的聚餐邀約，他們覺得聚餐就是一種誘惑，別人發來的聚餐邀約，就是打破自己節奏的噩夢。其實，我們只要在吃外食時多攝取一些蔬菜，少攝取一些高熱量食物，保證自己八分飽不要吃撐就可以了。

第三章　高手的自律祕訣，其實是方法對了

試想，如果我們連一頓外食都控制不了，那這種脆弱的自律也會很快因為其他事情中斷。

人們喜歡將壞事推到客觀事物上，就拿減肥來說，當我們因為聚餐中斷時，第一想法往往是「都怪誰誰誰，非要叫我出去吃飯」、「明知道我自制力不強，還非要喊我出去」。其實，真正讓我們中斷自律的是對自己的不信任，我們在最初，就認定自己「自制力不行」、「減肥可能會失敗」，所以，我們的自我控制力從最開始就是弱的。即便沒人邀請我們聚餐，我們也會因為各種理由中斷自律。

自我控制能力──聽起來是個很高級的詞彙──其實就是在我們臨近「破戒」時，能把我們拉回軌道的一種能力。

比如在定下了每週一、週三、週六去健身房的計畫，週三卻臨時安排了加班時，大部分人都會用這樣的想法安慰自己，「今天加班累死了，休息一天吧」。可是這次一斷，週六大概也會取消鍛鍊，而且下週一也會繼續休息，最後這項計畫只好擱淺。而自我控制能力強的人，會在這個想法產生後，直接叫車去健身房，不給自己拖延的機會。而且，下次有偷懶想法的時候，他們就會想「我連加班都堅持鍛鍊了，何況這次只是普通小事」。

看，自我控制能力就是這麼神奇。所以，那些渴望透過自律改變自己的人，都希望加強自我控制能力，因為自我控制能幫助他們更順利地堅持自律。

自我控制，苦而不言，喜而不語

李小雨最愛喝奶茶，香噴噴的奶精，混著清香的茶，再加上幾顆芋圓或珍珠，簡直是無上享受。可是，最近有件事讓李小雨這個「奶茶控」非常煩惱——她有顆牙齒壞掉了，要做根管治療，現在一喝甜的，牙齒就會疼痛不已。

週六逛街，路過奶茶店時，朋友習慣性地問道：「小雨，要不要喝珍珠奶茶？」小雨在心裡說了一萬遍「不喝」，但話到嘴邊，卻成了「好啊，要焦糖奶蓋，大杯的」。

就這樣，小雨一邊忍著牙痛，一邊咕嚕咕嚕地把奶茶喝下肚。逛街逛到一半，小雨的牙已經痛得受不了了，但她還是控制不住自己，一口一口地啜飲著手裡的焦糖奶蓋。

「小雨，妳怎麼了？臉色有點不好。」朋友看小雨一邊喝奶茶一邊痛得齜牙咧嘴的，忍不住出言問道。誰知李小雨擺了擺手，說道：「沒事，就是有點牙痛，不影響喝奶茶。」

朋友趕緊勸道：「妳還是別喝了，小心得牙髓炎，到時候連稀飯都喝不下去，難過死了。」

李小雨嚇了一跳，但還是習慣性地啜飲著奶茶，彷彿一個對遊戲上癮的孩子，根本停不下來⋯⋯

我們的人生，實際上就是一個不斷進行自我控制的過程。透過自我控制，我們規劃著自己的人生，讓自己變得完美，讓自己的人生更有意義。所以，如何進行自我控制是一門學問。

自律就是自我約束的過程，我們可以透過自律，讓自己的行為更有章法。這個世界為我們確立了太多法規、章程，

第三章　高手的自律祕訣，其實是方法對了

因為這些法規和章程能保證我們最大限度的自由。自律也是如此，我們需要透過自我控制，需要透過讓自己的行為更有章法，來換取更大的自由。為了達成這一目的，我們不能依靠「他律」，只能透過自我控制來掌握人生的開關。我們需要控制自己的行為，這樣才能獲得真正的快樂。

良好的自律包括自愛、自尊、自制、自強、自省、自勵等，這些都能幫助我們更好地控制自己，幫助我們提升人生的品質、價值觀、成就感。而上述內容，又可分為自量與自立兩種。

所謂「自量」，就是要經常掂量、估量自己，避免出現妄自菲薄、妄自尊大的現象。對成年人來說，自量並不是一件容易的事，因為它包括了拿什麼量、什麼時候量、如何量等方面內容。

不過，自量並沒有標準和公式，也沒有固定答案，因為每個人的情況都是不同的，每個人都有不一樣的人生閱歷與性格特點，所以，關於自量的各個方面，需要我們自己去掌握。

比如一個上班族，可以在同職位裡選擇一個閱歷、經驗、能力都稍微高於自己一點的人，作為自己自量的標準。這能幫助我們隨時審視自己，隨時估量自己，也能幫助我們持續進步。能夠自量的人，一定不是淺薄浮誇的人，他們能

把工作與人際關係處理得恰到好處,能夠做到「先量己才而思用」,而不是「己不才而量他人,沒慧眼,不識珠」。

所謂「自立」,就是人立於世的能力。自律能讓我們有立場、有想法,不會盲目附庸他人而喪失自己。古人有言:「人生三不朽:立德、立功、立言。」這是自立的經典概括,也是自律的經典概括。我們需要建立良好的品德,然後建功立業,最後讓自己良好的思想觀念對他人產生正面影響。

可以說,自立是自律中較為困難的行為,因為它不但要付出努力,還需要配合意志。如果一個人意志薄弱,沒有自立精神,那他就會隨波逐流、得過且過,不管做什麼,都會「竹籃打水一場空」。

自律就是不斷自量、自立的過程,也是不斷完善自我控制能力的過程。希望每個人都能在自律的世界裡,迎接更廣闊的天地,過上更高級的生活。

第三章　高手的自律祕訣，其實是方法對了

第四章
自制力養成術：
避免縱欲毀了你的自律

第四章　自制力養成術：避免縱欲毀了你的自律

自制、自律從積極的心理暗示開始

　　阿琦是棒球隊的明星投手，投球前，他總會在眾目睽睽之下，對著棒球唸唸有詞地說些什麼。同隊的驍驍很奇怪，於是問道：「琦哥，你每次投球前都在唸什麼？」

　　阿琦笑了笑：「我唸的是『咒語』。你知道日本棒球選手桑田真澄嗎？他在投球前，就經常對著棒球唸唸有詞，還有早前獲得奧運冠軍的體操選手具志堅幸司，他在做一些高難度動作前，也會輕聲唸些什麼。我覺得這個辦法很好，能讓我在比賽的時候放鬆下來。」

　　驍驍點點頭，桑田和具志堅的事情他也聽過，據說這是一種積極的心理暗示，能幫助調節選手的心理狀態。可是，這種方法真的有用嗎？

　　阿琦似乎看出了驍驍的想法，他笑著說道：「你自己試試就知道有沒有效果了。像我們這些運動員，在比賽中都需要高度集中的注意力，而這種暗示能有效提高我們的注意力和自信心。如果你想嘗試，我可以教教你。」

　　最大限度地進行自我暗示時，人體也會隨著自我暗示而發生改變。

　　比如我們在緊閉雙目，保持平穩呼吸時，在心中反覆默唸「平心」、「靜氣」，然後重複默唸「右手變得很沉重」，那右手就真的會變重；如果我們重複默唸「右手變得很熱」，那我

們的右手也會真的變熱。最神奇的是，當我們感到右手變熱時，在人體溫度測定成像表上，我們右手也會確實顯示出紅色（代表體溫升高）熱像。

這種聽起來神祕無比的事情，其實是由德國神經專科醫師舒爾茨（Johannes Schultz）發明的一種名為「自律訓練法」的放鬆技法，這種放鬆技法也被證實具有調節心理和降血壓等功效。

從自律角度看，這種心理暗示能幫助我們調節心理，讓我們相信自己一定可以達成目標，這種「深信不疑」對那些「自律小白」來說非常重要。

我們應該都聽過「深信不疑」的例子，比如在對新開發的藥品進行測試時，專家通常會將志願者分成兩組，一組使用真藥，另一組使用同外觀零藥效的澱粉片劑（安慰劑）。在進行藥效比較時，如果「真藥組」的效果與「安慰劑組」的效果差不多，那就證明試驗失敗了。

這種試驗在臨床試驗的場所（如研發室、醫院等）屢見不鮮，這種測試還有個專業名稱，叫「二重盲檢法」。因為這種心理暗示性極強的「安慰劑效應」極其普遍，所以專家才會使用它作為研發試驗的輔助工具。

這種心理暗示應用在自律中，主要是保證自己的精神高度集中。所以，我們需要為自己制定 1～3 條專屬暗示「咒

第四章　自制力養成術：避免縱欲毀了你的自律

語」，並讓自己相信當唸出這句「咒語」時，就一定會成功。比如早上開始工作前，默唸一句「今天一定要審閱兩本稿件」，那今天的效率就會意外地高，因為你給了自己一個積極的心理暗示，這個心理暗示會讓你相信「我一定會做完這件事」。

我們也可以指定一些毫無意義的詞彙。比如我們暗暗告訴自己「當我默唸出『嗚哇』的時候，我就可以爆發出 120% 的能力」，那麼，你的心理暗示就會幫助你增強信心，從而提高成功的可能性。

當然，我們在使用心理暗示來維持自律時，也要注意不要給自己消極的心理暗示。很多人開始做一件事前，總會下意識地想「我不行」、「明天再做吧」、「好不容易到週末了」、「大過節的」、「吃完再減」……正是這些消極的心理暗示，會讓我們無法開始或提前中斷自律。

小櫻最常掛在嘴邊的詞，就是「算了」。

減肥的她，如果碰上有人約飯，她便會對自己說「算了，下次再減吧」，然後胡吃海喝一番；健身的她，如果碰上有人約逛街，她便會對自己說「算了，逛街也是健身的一種啊」；準備考試的她，碰上週休二日、加班、節假日時，她便會對自己說「算了，好不容易放假，別看書了」、「算了，都加一天班了，別看書了」、「算了，今天可是過節啊，別看書了」……

就這樣，年僅三十的小櫻，仍然是個工作能力不強、身材不好、體能也不好的普通人。儘管她渴望改變，可是每到要「動真格」的時候，她內心的懶惰都會化身惡魔，在她耳邊低語「算了」、「算了」……

看著一事無成的自己，小櫻倍感焦慮。可是，她又不知道該如何做才能改變現狀。就在無數個「算了」聲中，小櫻日復一日地焦慮著。

其實，例子中的小櫻搞錯了一件事，那就是自律並非一次性達到所有目標。自律應該是進步的，是循序漸進的，是每次比之前更進步一點的。一步一個腳印地迎接更優秀的自己的過程，才能稱為自律。而若想達到這樣的自律，那我們要做到的就是——不要太輕易地「原諒」自己。

小櫻就是個很容易「原諒」自己的人。她覺得節食辛苦，於是幫自己找了個臺階——「有人請客，下次再減」；她覺得健身辛苦，於是替自己找了個臺階——「要逛街，逛街也算健身」；她覺得讀書考試辛苦，於是又為自己找了個臺階——「週休二日」、「加班」、「過年過節」。就在對自己一次又一次的「原諒」、「縱容」下，小櫻離想像中那個美好的自己越來越遠。

成年人，真的不要太容易原諒自己。原諒自己就等於放棄今天，放棄今天就意味著有不確定性的明天，而不確定性的明天就意味著失敗。

第四章　自制力養成術：避免縱欲毀了你的自律

就像「打卡圈」裡流行的那句話——「你如果決定選擇失去不夠好的今天，那麼就等於選擇失去你所期待的你想要的明天；你如果原諒自己今天對夢想鬆懈，那麼就沒有資格在老年的時候跟自己說對不起」。

我們的人生有太多的不確定因素，但自律可以讓我們最大限度地掌握那些可以確定的因素。我們可以用手中有限的資源，把自己打造得更加完美。

自律，從積極的心理暗示開始，放縱，則從消極的「原諒」自己開始。面對想像中那個優秀的自己時，我們需要不斷向前邁進。否則，那個優秀的自己只會是「鏡中花，水中月，看得見，撈不著」，最後徒增焦慮。

渴望改變自己，讓自己更加優秀的你，請多相信自己，也請不要輕易地「原諒」自己。

人生不設限，激發自我潛能

人生沒有白走的路，很多時候，自律和不自律，真的會給你帶來天差地別的人生。國外有一個奶奶，她從 50 歲才開始學英語，到 70 多歲竟然學會了 11 種語言。看似傳奇的背後，其實是她 20 多年的導遊經驗。

最初，她在山腳下賣礦泉水，所有的英語儲備就只有一句「Hello（你好）」。碰到外國遊客，她會硬著頭皮走上前，問一句：「Hello，你要買水嗎？」外國遊客看到她手中的礦泉水瓶，會疑惑地確定一下是不是「Water（水）」，就這樣重複數次，她便知道了，原來礦泉水的英文是「Water」，發音是「沃特兒」。

她只讀到國小三年級，不懂 KK 音標，更不懂什麼時態文法，她只是用最簡單、最原始的方式來學英語──記住對方說的單字。

就這樣，她的口語越來越流暢，也在無意中成為人人稱讚的「正能量網紅」。

暢銷書作者、「加拿大總督功勳獎」得主麥爾坎．葛拉威爾，在其著作《異數：超凡與平凡的界線在哪裡？》中提出：「人們眼中的天才，之所以卓越非凡，並不是因為他們天資高人一等，而是他們付出了持續不斷的努力。1 萬小時的錘鍊，

第四章　自制力養成術：避免縱欲毀了你的自律

是能讓任何人從普通人變成世界級大師的必要條件。」這就是著名的「一萬小時定律」。

人生沒有哪一步是白走的，你自律，歲月自然會回饋你，你放縱，歲月也同樣會反噬你。這個世界，喜歡偷偷獎勵那些自律的人。

網路上，曾有人發出了靈魂一問：「為什麼大部分人寧願吃生活的苦，也不願意吃讀書的苦呢？」而讚數最多的答案，也揭示這件事的真相：「大概是因為懶。讀書的苦需要主動去吃，生活的苦⋯⋯你躺著不動它就來了。」

人與人之間的差距，就是這樣逐漸拉開的。

我們習慣將別人身上那些自己羨慕卻沒有的能力，歸結為「沒人逼我一把」、「沒人推我一把」、「沒有這個機會」。可是事實上，我們都知道自己想要什麼。比如「想變瘦」、「想讀研究所」、「想拿多益金色證書」，可是想法出現後，我們立刻否決了自己──「我不是能瘦的體質」、「我沒有考研究所／多益金色證書的能力」。我們從一開始，就認定自己沒有這個天分，這就等於為我們的人生設了限。

阿巖發現，原來所有人都可以接受他的平庸，可是只有自己無法接受。為了追趕同齡人的步伐，為了不讓那些「優秀分子」甩開自己太多，阿巖打算替自己報幾個班。

一番斟酌，阿巖決定報碩士在職專班、健身課和繪畫班。

確定計畫後，阿巖先查了碩士在職專班報考條件，發現以他的工作時間與能力，考碩士在職專班還是滿困難的，於是他放棄了這個班。

然後，他又看了看附近健身房的私教課，發現每個課程的訓練強度都很大。阿巖捏了捏自己肚子上的贅肉，心裡暗道：「還是先減了肥，再去健身房吧。」

最後，他把目光投向繪畫班。他一直羨慕會畫畫的人，尤其是那些能靠畫畫賺錢的人。阿巖諮詢了老師，老師告訴他，需要準備一個iPad，再準備一根Apple Pencil，然後購買一個叫「Procreate」的軟體，之後才能報班。

阿巖估算了一下，這些東西加上學費大概要5萬多塊錢。「這麼貴！萬一自己學不會，不是白花了5萬多塊錢嗎？」阿巖連連搖頭。

最後，他還是什麼都沒有學，也還是從前那個平庸的自己。

從最開始，阿巖就替自己設了無數限制，他認定自己不行，認為這些東西學了也白學，可是他忽略了一點，那就是自己連嘗試都沒嘗試，就已經失敗了。

放棄很容易，堅持卻很難。

有位著名主持人從52歲才開始學畫畫，她希望用筆墨來記錄自己的歲月。令人稱羨的是，她的繪畫水準已經可以與專業畫家媲美。

第四章　自制力養成術：避免縱欲毀了你的自律

有人問她：「您是怎麼想的，52歲才開始學畫畫，而且竟然有這麼高的水準？」

為此，她只是平和地說道：「人一輩子可以做很多事，沒誰規定哪件事必須哪年做，任何事只要你喜歡，你開始了，就沒有早晚一說。」這位主持人沒有替自己設限，所以，她充實了自己，也優雅了歲月。

我們經常能看到這樣的問題：「今年20歲了，想重新考大學，晚了嗎？」「今年30歲了，想學英語，晚了嗎？」「今年40歲了，想學開車，晚了嗎？」對於上述問題，人們通常會給出三種答案「晚了」、「不晚」、「不一定」。

但正確答案其實是「不重要」。

有人10歲開始學英語，學了20年依然沒學出什麼名堂，但前面提到的奶奶50歲才接觸英語，70多歲成為會11種語言的網紅導遊；有人20歲的時候創業，中途覺得自己不行就放棄了，可是張忠謀55歲才創辦了台積電。

村上春樹33歲才開始跑步，我們每個人都有機會，讓自己的人生淋漓盡致，不留遺憾，可是大部分人都因為替自己設下了限制，最後消耗殆盡了人生。

其實，我們每個人都有無限潛能。今天，我們多一分自信，明天，我們就多一分底氣，不遠的將來，我們就能過上自己想要的生活。

人生才剛剛開始，我們何不義無反顧一把？只要你努力，那麼這一秒的你，就比上一秒的自己更加優秀。

第四章　自制力養成術：避免縱欲毀了你的自律

在潛意識中培養自律習慣

　　小玉是個深諳「偷懶之道」的薪水小偷。

　　之所以說他懂偷懶，是因為他能把懶「偷」得毫無痕跡。

　　比如主管叫他用兩個小時上網查資料，他只用10分鐘就將資料全部找好，但要等到兩個半小時後才交給主管，同時不忘補一句：「抱歉，資料有點難找，我想盡量找得全面一點，所以交得晚了。」而且，小玉每次都早半小時打卡，晚半小時下班。所以，小玉在主管心中，一直都是工作勤勤懇懇、做事勤勉認真的人。

　　後來，公司換了個新主管。新主管雷厲風行，不抓考勤，只抓實務，小玉那套「偷懶之道」毫無用武之地了。可是偷懶慣了的小玉，已經完全沒有工作能力了。本來想上網找資料，但他條件反射地看起了臉書，最後因為工作效率太差，被新主管罵了個狗血噴頭。

　　小玉曾經偷過的懶，如今加倍反噬了他。他自己心裡也清楚，再不改掉這些陋習，恐怕就要捲鋪蓋走人了⋯⋯

　　我們多多少少都會有這樣的經歷，原本打算晚上8點去夜跑，可是因為追劇、吃飯等藉口，最後只好不了了之；再比如原本打算在週末學習英語，結果坐下滑脆、IG，不知不覺一上午就過去了⋯⋯

其實，這些都是我們潛意識中的習慣在作祟。有些人習慣早起看書，或邊聽英語邊盥洗，有些人則習慣一覺睡到日上三竿；有些人習慣晚上去健身房，從健身房回家後還要看一會兒書，有些人習慣晚上打遊戲，再熬夜吃個消夜。正是這些潛意識中的習慣，影響了我們的人生軌跡，也讓我們的差距逐漸拉開。

人們常說自律意味著欲望延遲，這是反人性的，其實，自律不過是一種習慣，有些人養成了這樣的習慣，自然不覺得難受。

如果我們強制讓一個習慣賴床的人早起，那他就會非常痛苦，同樣，如果我們強制讓一個習慣早起的人睡到日上三竿，那他也同樣會苦不堪言。

自律的背後是習慣，我們首先要明白這一點。不管是自律還是拖延，其背後的本質都是習慣。習慣是推動人們做事的動力，好習慣讓人不斷進步，而壞習慣則使人慢慢墮落。而一個習慣的養成，主要可分為訊號、反應程式、獎勵機制和信念四個部分：

◆ 訊號

訊號就是讓我們打開某個習慣的導火線，比如提前定好的鬧鐘就可以是一個訊號。

第四章　自制力養成術：避免縱欲毀了你的自律

◆ **反應程式**

　　反應程式就是我們對訊號的反應。比如我們聽到提前定好的鬧鐘響了，然後立刻拿起鬧鐘把它關掉，這就是處理訊號（鬧鐘）的反應程式（關掉鬧鐘）。

◆ **獎勵機制**

　　為什麼絕大部分人都喜歡看小說、看電視、滑短影片、打遊戲呢？因為這些東西會讓我們上癮。人的大腦是有「趨吉避凶」特點的，當我們碰到自己不喜歡的事（如讀書、上班等）時，我們大腦中的痛覺中樞會被刺激，大腦會本能地排斥這些事情，然後將注意力轉移到那些讓我們心情愉悅的事情上。而看小說、看電視、滑短影片、打遊戲這些行為，能刺激大腦分泌多巴胺，為了讓這種快樂持續下去，我們就會花更多時間在上述行為上。

◆ **信念**

　　信念就是習慣背後的原因，不同的信念會展示不同的習慣。比如我們對遊戲上癮，那我們的信念就是追求更輕鬆的生活；如果我們對讀書上癮，那我們的信念就是追求更高級的生活。

　　這四點內容，就是一個習慣形成的原因。根據上述原因，我們也能從這四個方面來培養良好的習慣，促成自律的人生：

◆ 訊號

我們可以切斷訊號源，這樣就能專心於其他事情，避免注意力分散。比如我們經常被 APP 提示音打擾，那我們可以把 APP 提示音關掉，或者直接封鎖經常聊天的群組，然後找一個安靜的地方或讀書或工作，這樣就能保證不被提示音干擾。

◆ 反應程式

這是我們唯一需要使用意志力的環節，比如在我們聽到 APP 提示音時，克制自己不去管這些消息，專心於手頭工作。當這些養成習慣後，我們的意志力也能獲得鍛鍊。

◆ 獎勵機制

看小說、看電視、滑短影片、打遊戲等容易讓人上癮的行為，會讓我們逐漸形成拖延的毛病。所以，我們需要透過「完成任務」來獎勵自己，比如完成某件事後，可以看一場電影或吃一頓大餐等。

◆ 信念

我們需要用良好的信念代替原有的壞信念，最好的辦法就是找出目前最想做或最急需做的事，然後制定計畫解決它。

除了上述原因外，我們還需要一個清晰的目標來幫助培

第四章 自制力養成術：避免縱欲毀了你的自律

養習慣。如果我們的目標很明確，那就意味著我們的信念很強大，如此，我們的潛意識就會對目標產生強烈渴望，我們也會養成用心完成目標的習慣。

大家都覺得，小張的人生肯定很無趣，因為他的作息幾乎與老人一樣——每天早上5點就起床晨練，晚上8點就睡覺，不吃辣，不吃煙燻燒烤食物，比起可樂更喜歡喝綠茶⋯⋯

「小張，我真懷疑你是不是年輕人，」同事阿德拍著小張的肩膀，「你這樣活著有意思嗎？」小張有些奇怪，自己樂在其中，怎麼就沒有意思了呢？而且，不僅阿德覺得他沒意思，其他同事也經常打趣他的作息。

不過，很快大家都不嘲笑小張了。

因為作息不規律，大家都出現了不同程度的健康問題，有的體重飛速上漲，有的掉髮嚴重，還有的皮膚暗沉，消化系統也開始變弱。

小張從「最無趣的人」變成了「最自律的人」，也成了大家的榜樣。可是，大家很快便發現了自己與小張的差距，那就是他們根本無法改變自己已經養成的習慣。

相信大家身邊總有一個像小張這樣的朋友，他們作息很規律，飲食也很規律，平時沒有什麼不良嗜好，看上去自律又健康。可是，當我們也想過上如此規範化的生活時，卻發現自己完全不能適應，這是為什麼呢？

原來，心理學家早就公布了一組數據——我們每天能掌控的事情只有5%，剩餘的95%其實都是不可控的。也就是說，我們想變得自律，但如果之前沒有養成習慣，即便看了什麼雞湯文章，也不過是喝一杯提神飲料，只是短暫地提升了意志力和焦慮感罷了，根本無法維持多久。

所謂規範化生活，就是每天都在相同的時間裡做同樣的事。比如高中時期，即便讀書辛苦，我們也能在老師和同學們的監督下堅持下來，可是一上了大學，我們失去了強而有力的外部監督，於是很快出現惰性，讓我們變得不再刻苦勤奮。

所以，要養成潛意識中的習慣，就必須規範化地執行既定任務。而且，自律並不是短期線性工作，我們需要循序漸進，養成一個習慣後，才能繼續培養下一個習慣。

總之，自律絕不靠痛苦的堅持，而是要靠我們用潛意識去完成，希望大家都能成為一個自律的人。

第四章　自制力養成術：避免縱欲毀了你的自律

自律人生不浮躁

　　李奕帆馬上就要結婚了，可是越臨近結婚，她的脾氣越大。

　　一天，她突然覺得家裡的白色楓木餐桌很好看，於是對老公說道：「你去把桌子挪到客廳吧。」老公隨口說道：「餐桌哪有放客廳的，就放餐廳吧。」

　　沒想到，這句話徹底把李奕帆的情緒點著了。她立刻連珠炮似的說道：「你是故意跟我作對嗎？我說放客廳就放客廳，你為什麼非要擺在餐廳？誰規定餐桌就必須放在餐廳？」

　　看著李奕帆暴躁的樣子，老公有些納悶，但還是不失幽默地說道：「桌子放客廳，我們端菜可就『山長水遠』了啊。」

　　誰知，李奕帆立刻把手裡的抱枕摔到地上：「我不結婚了！」

　　這下，老公可被李奕帆嚇住了，他忍不住吼了句「妳神經病啊」，李奕帆頓時嚎啕大哭。接下來的幾天，老公都避免跟李奕帆正面接觸。為了不觸碰李奕帆的敏感神經，他甚至從臥室搬到了客廳住。

　　看著老公躲避自己的樣子，李奕帆在房裡難過得直哭，心裡也滿是後悔：為什麼快到結婚的日子了才爭吵？早知道不合適，這婚就不結了！

李奕帆是患上了「婚前焦慮症」。在人心日漸浮躁的今天，婚前焦慮症已經變成了大部分情侶的通病。

不只是婚前焦慮，如今，各式各樣的焦慮都讓我們心神不寧。而這些焦慮的根源，歸根結柢還是我們的內心太過浮躁。當問題出現時，我們不會條件反射地想辦法解決，反而會出現一系列「緊迫反應」。

如果這些小情侶能平心靜氣地反省自己，做些譬如打掃打掃環境、寫寫東西等小行為，就會讓情緒稍微緩解。可是，浮躁矇住了他們的眼睛，也讓原本美好的婚姻蒙上了一層陰雲。

不只是婚姻，我們工作、生活中也總會遇到焦慮的事情。

比如每次去公司前，都會覺得頭昏腦脹，覺得有一堆工作要做。

尤其踏進公司的一瞬間，更是感覺提不起精神來。當同事問自己工作進度時，我們就感到一陣頭痛，甚至有莫名的恐懼感。可是，一到下班的時候，我們就像中了樂透一樣高興，恨不得馬上坐到電腦前打一把「英雄聯盟」或「電馭叛客2077」。這就是典型的工作焦慮，其背後的原因，無非是對工作沒有一個正確的態度。

工作時，我們會因為能力不夠、拖延、牴觸等，產生一

第四章　自制力養成術：避免縱欲毀了你的自律

系列的焦慮問題。而其中，最有可能讓我們產生焦慮的，就是工作上的「小尾巴」。所謂工作「小尾巴」，就是我們沒有處理完的內容，當我們拖著尾巴回到家，那自然會產生焦慮、憂慮等情緒了。

最近，即將畢業的大學生盧家勝失眠了。

大學頭三年，大家都是憑著成績說話，可是第四年，大家開始憑著履歷和經驗說話了。雖說大學就算半個社會，但畢竟還是象牙塔。裡面的大學生們，大多也是成人面孔、孩子心態。

馬上要步入社會了，誰的心裡不緊張呢？

盧家勝經常在寢室裡走來走去、搓手頓足，一副心神不定的樣子。甚至在出去吃飯、聚餐的時候，也會不停地抖腿搓手，小動作不停。他也不知道自己為什麼會這樣，事實上，不僅是他，就連他身邊的朋友們，也都是一副焦慮的模樣。

畢業聚會上，盧家勝的好友小唐喝得有些多。他一直在哭，一邊捨不得畢業，一邊焦慮後悔，周圍同學們都在勸他，但他還是抱著頭，滿嘴「百無一用是書生」。

看著小唐的樣子，盧家勝心裡也不好受。他每次參加雙選會，都會讓自己挫敗感增加幾分。現在，盧家勝對步入社會非常焦慮，也對自己的未來非常迷茫。

未來究竟該怎麼走？他們陷入了深深的焦慮中……

這種畢業焦慮是大部分大學生都有的，因為他們對自己的人生沒有規劃。前期可以在老師、父母的督導下按部就班地讀書，可是大學畢業後一切都要靠自己。

「天哪，真的好不想畢業，一畢業就等於失業！」

「我大學期間成績不錯，為什麼收不到心儀公司的 offer？」

「交往了四年的女朋友，一畢業就要跟我分手，我真的好焦慮啊！」

……

很多畢業生都會面臨這樣的問題，有些人甚至焦慮到內分泌失調、失眠多夢、便祕腹瀉，嚴重影響了生活。其實，這些都是可以透過自律解決的，只要前期多投入一些，後期就會更輕鬆一些。我們只要定好自己的目標，做好該做的努力，自身的焦慮感就會減少很多。

當今的社會是個浮躁的社會，而焦慮則是浮躁衍生出的產物。

「不滿於現狀，且急迫地想改變現狀」、「羨慕別人的生活，並蠢蠢欲動」、「總喜歡找捷徑」、「經常因為小挫折放棄」、「太高估／低估自己」，當我們出現上述五條狀態時，就說明我們的心態已經變得浮躁了。當我們浮躁起來時，焦慮等情緒便會接踵而來。

第四章　自制力養成術：避免縱欲毀了你的自律

要想打破浮躁的生活，我們就要讓自己學會「靜下來」、「慢下來」。我們需要減少如 FB、IG、脆等外部訊息的干擾，因為這些東西會將我們內心的渴望一點點引誘出來，從而讓我們變得浮躁暴躁，一邊幻想自己逆襲，一邊打亂了原有的生活步調。

在靜下來後，我們需要仔細審視自己，找出自己的不足之處，並根據自身情況，制定一套真正切實可行的方案。比如對嗜肉如命的人來說，一下子不吃肉是不可能的，我們只能每天減少一點肉食的攝取，循序漸進才能成功。

除此之外，我們還需要增加自己的閱讀量。要想在浮躁的日子中慢下來，讀書是最快捷有效的方法。就像作家楊絳說的：「你的迷茫不作為，就是想得多做得少，要多讀點書。」所以，我們不妨在閒暇時捧起書本，仔細讀上一番。這不僅能磨礪我們的心性，也能增加我們的見聞。

總之，我們若想告別焦慮，唯有用自律打破浮躁，因為自律會給我們更多的自由，也會讓我們過上更充實舒適的人生。

一次只做一件事，自律也要有節制

趙曉哲最喜歡一心多用。

比如一邊跟朋友們玩狼人殺，一邊寫稿子。可是，趙曉哲只是個比一般人稍微聰明點的普通人，他的心智根本不足以一心多用。最後，每當趙曉哲是「狼人」時，大家都會立刻把他揪出來，每當趙曉哲不是「狼人」時，大家也都會先把他投出去。不僅這樣，他的稿子也寫得前言不搭後語。

再比如他喜歡在看綜藝節目的時候做打卡表，可是他總會錯過關鍵部分，不停地往前調進度條，而且，他打卡表上到處都是墨水，有的格子也被數錯了。

趙曉哲總是聽人說，應該利用碎片時間同時做兩件事，可是，怎麼讓他同時做好兩件事就這麼難呢？

在這個飛速發展的時代，人心也變得日益浮躁不安。

為了更高效地利用「碎片時間」，不少提倡時間管理的人都提出了「同時做兩件事」的觀點。比如「邊盥洗邊聽英文廣播」、「邊運動邊聽英語」、「上廁所的時候打電話」等等。

雖然利用碎片時間的想法是好的，可是並不是所有的碎片時間都要被利用，如果每件事都要一心多用，有時反而會取得不好的效果。何況，並不是所有事情都能利用碎片時間完成。就拿做報表來舉例，做報表原本就是個複雜的工作，

第四章　自制力養成術：避免縱欲毀了你的自律

哪怕我們靜下心來，也很難保證這些數據不出現錯誤，更何況是一邊做其他事，一邊做報表。

其實，最要緊的不該是一心二用，而是應該一次只做一件事，這也與自律的要求是一致的。自律就是讓我們活在當下，享受當下，而享受當下最要緊的便是不可一心多用。

很多人在吃橘子時，都會先剝第一個，然後在吃第一個的同時再去剝第二個。但真正懂得享受當下的人，都是剝好第一個橘子後，將橘子一瓣一瓣地放入口中，感受橘肉是酸還是甜，是冰涼還是溫熱。

很多人喜歡一邊工作一邊聽歌，但大部分人都會被音樂干擾，反而讓工作更容易出錯。

很多人喜歡在運動的時候背單字，結果卻是運動分了背單字的心，背單字又分了運動的神。1小時過去了，身體沒有出現痠痛感，單字也沒怎麼記住。

其實，這樣的例子在我們的生活中比比皆是。一心二用不但不能為工作、生活增添儀式感，反而會讓我們原本就浮躁的心變得更加焦慮。我們需要放慢腳步，做好每件事，感受每件事，這樣才能在快節奏的生活中保持本心。

當我們感到迷茫時，不妨放下手機，嘗試每次只做一件事。吃飯的時候，我們就安心吃飯，不要一邊吃飯一邊看電視、玩手機；工作時，我們就全身心地投入到工作中，不要

一次只做一件事，自律也要有節制

一邊工作一邊吃零食，或者一邊工作一邊滑脆。

生活本就是一種學習，一次只做一件事更是一種學習。我們不要低估自己，也不要太過自負，好好做事，活在當下，其實就是最好的自律方法。

一場疫情讓線上課程成了熱門關鍵字。因為線上課程不受時間、地點的限制，所以學校、公司等都喜歡用這種形式繼續疫情前的生活。璐璐也想利用空閒時間多學點東西，於是就報了插畫班、手作班、英語班和理財班。

課程剛開始時，璐璐躊躇滿志，每天都按部就班地完成上課任務，而且能精準高效地把作業交上去。後來，隨著課程難度的提升，璐璐發現時間越來越不夠用了。為了能把所有課程的作業都做完，她開始忽略品質，只敷衍著做完就算了。再後來，璐璐連作業都懶得交。

「有這個時間，我多躺一下不好嗎？我去跟朋友逛個街不好嗎？我去吃頓大餐不好嗎？幹嘛非要把自己逼得這麼累呢？」璐璐看著鏡子裡的自己自言自語道。

就這樣，璐璐放棄了所有線上課程，重新回到了以前「悠閒」的生活。

如果璐璐能換一種方式，相信就會收到良好的效果。我們需要的就是認定一件事，然後反覆堅持下去。專注做一件事的人，會集中精力把眼前的事做好，而好高鶩遠的人，只會「這山看著那山高」，最後什麼也做不成。

135

第四章　自制力養成術：避免縱欲毀了你的自律

　　曾國藩曾說「求業之精，別無他法，日專而已矣」，古人也有「藝多不養身」的諺語，如果我們什麼都想學，那結果很有可能是什麼都學不成，如果我們同時做太多事，那結果很有可能是什麼都做不好。

　　管理學大師杜拉克說：「大多數人即使專心在同一時間內只做一件事，也未必能做好；如果在同一時間內做兩件事，那就更不必說了。」所以，我們需要有目的、有選擇、有計畫地專注一件事，做好一件事，才能有所收穫。

　　所以，每次只做一件事，從細小處落實這件事，就能比平時更節省時間，效率也會比平時更高。正如英國著名思想家、政治家約翰·洛克所說：「學到很多東西的訣竅，就是一下子不要學很多。」不要抱怨自己的效率低，把事情一件一件地完成，你就會感受到自律帶給你的好處。

不吃與不停吃，突擊式自律不可取

為了減肥，劉嬌嬌真是拼了。

從起床睜眼那刻她便水米不進，一直拖到中午，餓到兩眼昏花後，她才肯吃幾口生菜，來打發一下不斷抗議的胃。她說，「我要月瘦十公斤，這次是認真的。」

同事們勸她：「別這樣，幹嘛虐待自己，健康比什麼都重要。」

劉嬌嬌咬著牙：「一個女人，連身材都管理不了，還談什麼自律？」

三日後，我在烤肉店見到了她——點了四盤牛肉、一盤雞翅，還要了一份炸雞啤酒套餐。我跟她打招呼：「不減肥啦？」

劉嬌嬌嘴裡塞滿了肉，含混不清地說道：「職場人士，誰關心你的腰圍是多少，還不是只看你的業務能力。生活這麼苦，我得好好犒勞下自己。」

愛美之心人皆有之。為了盡快穿上「S」碼的衣服，為了盡快學懂理財，為了盡快變得優秀，很多人都被矇住了雙眼，踏進了「假性自律」的陷阱中。

其實，好的自律從來不是盲目的。它不應該是突擊式的，而應該是一種習慣，就像我們呼吸、吃飯、睡覺一樣簡單自然。可是隨著生活節奏的變快，人們的「自律心」彷彿也坐上

第四章　自制力養成術：避免縱欲毀了你的自律

了快車，非要用「短期內變得非常優秀」來證明自己是自律的。

可是自律的目的並不是證明給別人看，而是為了變成更好的自己。但為了變成更好的自己，地基不打牢又怎麼行呢？

村上春樹在《我的職業是小說家》一書中提到了自己的生活習慣──早睡早起，健康生活，日復一日地慢跑，自己做生菜沙拉吃，每年都要參加全程馬拉松，不定期參加鐵人三項。

他的生活比大多數人都簡單、規律，在他的生活裡，幾乎只有寫作、運動和音樂，但他過得比大多數人都快樂富足。由此可見，村上春樹的自律是為了自己，而不是為了向周遭人證明些什麼。自律讓他舒適，讓他快樂，這就夠了。

從上述例子中我們不難發現，在做一件事前，人們至少需要具備兩個條件──第一，目標明確；第二，循序漸進。只有保持在適合自己的節奏上，並願意根據具體情況進行調整，這樣的自律才算是真正的自律。

一個真正想自律的人，會先審視自身情況，並時刻提醒自己什麼可為、什麼不可為。自律就像用蠟鑄就的翅膀，我們可以靠自律起飛，飛得很遠，但如果飛得太快，太接近太陽，翅膀就會融化，反而會摔得很慘。

在盲目自律前，我們不妨認真想想，對自己最重要的事

不吃與不停吃，突擊式自律不可取

是什麼。

減肥是為了健康還是為了一條「S」碼的裙子？背單字是為了充實自己、等待機會，還是為了在 IG 打卡炫耀？一定要穿「S」碼的裙子，熬夜背單字，強迫自己每天看三本書……這些看似自律的目標就像一針雞血，讓人神志不清地做了決定。這就好比好高騖遠地看著遠方走，卻從未想過如何走好腳下的路。

就拿減肥這件事來說，要看一個人是真自律還是「假性自律」，其實看她對待美食的態度就可以。如果她覺得自己身材不好，想要靠節食來減肥，那就要看看她每天都吃了些什麼。

在一檔綜藝紀實節目中，35 歲的小金因身材而備受歧視，為了改變現狀，她嘗試了各種減肥方法，節食、吃減肥藥、健身……沒有一種方法讓她成功減肥。

對著節目鏡頭，小金哭笑不得地說道：「我已經很自律了，嘗試了這麼多方法也沒有用，我就是個連喝水都會胖的人。」

為了找到小金減肥失敗的原因，節目組在小金家安裝了一些鏡頭，並且安排專人 24 小時跟拍小金的生活。本以為這些工作只是徒勞，但想不到節目組很快便找到了小金始終瘦不下來的原因。

第四章　自制力養成術：避免縱欲毀了你的自律

　　這天，小金早早起床，她的早餐是麥片和牛奶，健康又營養的選擇。然而，在觀看早間新聞這段時間，小金卻連續吃了三碗早餐，隨後看麥片沒剩多少，她又索性將所有麥片和牛奶倒在一起，吃了下去。

　　小金一早上吃掉了別人一週的減肥早餐，這還沒完，吃完麥片後沒多久，她又從暖爐邊拿出五個地瓜，有滋有味地吃了起來。手邊的東西都吃完後，小金開始躺在床上做腿部運動，但沒抬兩次腿，她便起身不知從哪拿了一袋堅果，咀嚼咀嚼地吃了起來。到了上班時間，小金前往賣場上班，一上午都沒再吃其他東西。中午時分，小金拿出自己的午餐，是水煮蛋，不是一顆，而是九顆，小金一口氣便吃光了這九顆水煮蛋。晚上下班，小金胃裡的水煮蛋早就消化乾淨了，她又跑到超市買了幾根巧克力能量棒，坐在超市門口吃了起來。

　　到這裡，節目組和電腦前的觀眾應該都知道小金減肥總是失敗的原因在哪裡了，小金卻依然一臉茫然。她很疑惑，自己吃的麥片、牛奶、堅果、水煮蛋都是減肥食品，為什麼別人吃這些東西能瘦下來，自己卻越吃越胖？

　　小金的情況就是一種典型的「假性自律」表現，在她看來，減肥零食並不屬於零食，吃這種零食是有助於減肥的，吃多吃少體重都不會增加，那為什麼還要讓自己餓著呢？而她眼中的自律就是不吃其他零食，但減肥零食可以多吃，這種「自律」要比不自律更加可怕。

一個人如果知道自己不自律,他可能會用一些精力和努力去改變這種不自律;但一個人如果明明不自律,卻始終認為自己很自律,那他就永遠不會想著改變,他會在「假性自律」的泥潭中越陷越深。

小金將減肥食品當成其他零食的替代物,並沒有主動去控制食量,依然按照不自律的飲食習慣去減肥,自然也就沒辦法成功了。

這種「自律」更像是一種表演出來的自律,我每天只吃減肥食品、我每天都看書、我已經一週時間沒打遊戲了……鑑定一個人是否真的自律,不能僅從上面這些說辭去判斷,而要看這些說辭背後,他們究竟是怎麼做的。

每天只吃減肥食品,但每次都吃到撐;每天都看書,卻一點沒看進去;一週都沒打遊戲,卻滿腦子都是遊戲畫面……這些「自律」背後其實隱藏著種種不自律的行為。

在日常生活中,還有很多像小金一樣的人,在「努力」過著「假性自律」的生活。他們知道自己不夠自律,所以尋求各種方法想要變得自律,利用減肥食品進行節食,是一種飲食自律的方法,但如果應用不當,很可能會造成反效果。

在綜藝節目中,明星經常會分享自己的減肥食譜:燙青菜、白開水、半顆蘋果……只靠這些食物,吃好是不可能的,吃飽也有些費力,既吃不好,又吃不飽,人自然就瘦下

第四章　自制力養成術：避免縱欲毀了你的自律

來了。看樣子，這似乎是一種飲食自律的好方法。

但實際上，這種飲食方法雖然能讓人的體重迅速降低，但與此同時，它也會使人體的免疫能力隨之降低。缺少足夠營養的攝取，人體無法維持正常的生命活動，嚴重的還會引發各種致命疾病。這種以身體健康為代價的「飲食自律」也是不可取的。

真正的飲食自律應該以健康合理的飲食習慣為主導，吃多吃少要視自己的身體條件而定。如果只是為了讓自己身材更好，而選擇控制飲食，那就要掂量掂量自己的實際情況。

選擇節食本就是一種改變飲食習慣的方法，在具體操作時，更是要循序漸進，逐步調整自己的飲食結構，這樣一點一點累積起來的飲食習慣，才是真正的自律。

第五章
忙到喘不過氣？
自律其實不是這樣的

第五章　忙到喘不過氣？自律其實不是這樣的

抓住自律的每分鐘，而不是每分鐘都自律

網路上有這樣一個問題：

自律是把生活中的時時刻刻都安排得非常緊湊，一點娛樂時間都不能有嗎？

有人回答，的確有人能做到，而且他們也非常優秀。但這樣的人，僅僅是極少數。這種自律對於生活中大多數人來說，是沒有意義且很難堅持下去的，每一個普通人都不太可能把自己逼成這樣。

除了滿足生理需求而必須進行的事項外，將其他一切時間都用在工作、讀書等相關的事項上，不給自己一點懈怠的時間，這種極端的自律必定非常有效，卻不適用於我們。

一方面，這需要強大的精神力量和信念做支撐，這不是每個人都能輕易產生的，有些事情別人能堅持下去，而你可能一天就會崩潰；另一方面這需要欲望和能力的相匹配，空有一腔熱血，沒有相應的能力，也不能夠達到這樣的狀態，比如一個人每天不停地學習卻無法快速將學到的內容吸收理解，那又有什麼用呢？

簡單地說，我們做不到這樣，同時也沒必要做到這種地步。

抓住自律的每分鐘，而不是每分鐘都自律

所以，對於我們而言，無須達到每分鐘都自律的境界，只要把握好自律時間裡的每一分鐘即可。

要說青青最羨慕的人是誰，以前的不知道，現在絕對是亮亮。亮亮是青青的工作搭檔，兩個人接觸有一段時間了。之前，兩人還不熟悉的時候，青青就已經注意到了亮亮，亮亮工作很認真，業績也總是遙遙領先。當時，青青就在心裡想，亮亮肯定是那種自律到「變態」的人，生活內容極其單調，除了讀書就是工作，不會浪費一點時間。

在近距離接觸亮亮前，青青一直是這樣認為的。然而，就在他們搭檔了一個星期後，兩個人已經熟悉了，一天下班，亮亮突然問青青要不要出去喝一杯，順便散散步或者看個電影之類的。

青青非常詫異，一激動將心理話說了出來：「妳、妳還看電影？我以為像妳這樣的人，下了班就會以百米衝刺的速度回家背單字呢！」

亮亮白了她一眼：「大姐，我又不是機器，工作一天我也很累的，別說看電影了，我還會打麻將、玩遊戲呢，我的娛樂種類可多了。」

「真是不可思議，妳不是很自律嗎？怎麼還會做這些『墮落』的事情？」青青滿眼疑惑地望向亮亮。

「做這些事情就是墮落？那妳覺得自律就該不停地讀書、工作，不能有娛樂的時間？」

青青點了點頭：「我是這麼認為的。」

145

第五章　忙到喘不過氣？自律其實不是這樣的

「那妳說，工作十個小時，平均效率是1，和工作兩小時，平均效率是10，哪個更厲害？」不等青青回答，亮亮又說道，「自律並不意味著每一分鐘妳都要去做那些有價值的事情，有時候放鬆一下，娛樂一下，反而能找到更好的狀態，然後到重要的事情上讓自己全身心地投入，以更高的效率進行。」

每天，我有工作和讀書的時間，但同時我也可以娛樂和放鬆，既要努力地工作，也要充分地休息。

哈佛大學的學子們推崇的也是這樣的學習方式，玩的時候會忘乎所以，讀書的時候更能做到兩耳不聞窗外事，對於讀書，他們態度虔誠而認真，有著絕對的高效率，而對於娛樂，他們也絕對不會敷衍，常常玩得盡興，玩得瘋狂。有時候前一天還在通宵狂歡，第二天就可以把自己關在圖書館，「不問世事」。

該讀書、工作的時候，心無旁騖，與世隔絕；該玩的時候，盡情釋放，這才是正確的方式，一味地苦讀並不能夠保證學到更多的東西，反而會消耗精力，浪費時間。

上述內容也可以概括為，要想自律，就必須懂得時間管理，時間管理是自律的前提。

時間管理和珍惜時間是完全不同的兩個概念，珍惜時間強調的是不浪費時間，而時間管理則是如何高效地利用時

間,知道什麼時間做什麼事最有效率,知道該去如何安排那些看起來又多又亂的事項。

時間管理的目的是實現時間的最大化利用,使人能夠達到「搞定一切還能玩」的狀態,而不是一直忙忙碌碌,看似刻苦努力,實際上沒有什麼成效。

當我們將自律和時間管理結合在一起時,每一天的生活條理就會更加清晰,我們不僅能夠超額完成任務,還會有更多的時間用來豐富業餘生活,拓展個人愛好。

第五章　忙到喘不過氣？自律其實不是這樣的

為自己設定一個自律的期限

「大救星，妳終於來了，我需要答疑解惑。」寧寧一到公司，就被安安扯住了手臂。

「怎麼了？什麼事情讓妳這麼迫切？」寧寧一邊脫外套一邊問道。

「妳說我每天早上背十個單字，這樣算是自律嗎？」安安問。

「當然不算了，要我說，這只是通往自律路上的小小一角，算不上自律。」寧寧回答。

「那什麼才是自律呢？」安安問。

什麼才算是自律呢？每天在同一時間段做同類型的事情？每天都過得很充實，能把計畫中的事情都完成？準時吃飯睡覺、起床、工作⋯⋯思索了半天，寧寧也沒有想到合適的詞句來解釋。

提起自律，我們好像都不陌生，但真要去解釋，很少有人能說得明白。

仔細想一想，自律其實也是一個相當空泛的詞，和夢想、希望、心靈一樣，包含的內容有很多，卻無法用具象的事物去解釋，無法讓人獲得具體的概念。

有位補教名師在其書中提到：語言學家認為，如果我們

腦子裡對於某件事情沒有概念的話，我們的大腦就傾向於不想那件事情。

語言對人有著強大的塑造功能，很多事情，我們能否推進，能否正確思考，如何確定思考範圍，都是源於語言的影響。如果我們不能用自己的語言去理解某件事情，那麼這件事情將很難開展下去。

這也是為什麼，我們迫切地想要自律，卻很難達成自律。

到這，有人或許就會說了，既然一切都源於概念，那我們把自律理解透澈了，所有的事情不就迎刃而解了。

邏輯上沒有問題，但是要理解自律並不是一件簡單的事，因為不管是何種解釋，延伸到最後都會指向同一個問題，那就是：你究竟想要什麼？

換言之，我們之所以很難養成自律的習慣，就是因為不知道自己想要什麼，對人生沒有一個清晰的認知和規劃，也因此沒有強大的信念支撐著我們去完成這個頗具挑戰的事情。

大家都知道，要弄明白自己究竟想要什麼，也不是一件易事，否則哪來這麼多迷茫的人，這個問題的答案並不是僅靠想就能想到的，很多時候，是伴隨著不斷經歷才越發清晰的。

第五章　忙到喘不過氣？自律其實不是這樣的

要達成自律就必須弄清楚自己想要什麼，但弄清楚自己想要什麼又需要去不斷地經歷，這樣看來，我們似乎陷入了一個死循環。

別著急，事情還有另一種解決途徑。

不知道你有沒有意識到，不管是自律，還是弄清楚自己想要什麼，之所以困難，是因為要麼涉及的東西太多，要麼時間線拉得過長，這就導致我們很難找到一個依附點來開展行動。

比如自己想要什麼，金錢、學歷、事業……我想要的東西太多了，而且一生的時間這麼長，每個階段我的欲望都不同，越想越覺得混亂，最後乾脆放棄。

如果將時間線切短，將範圍縮小，那麼事情是不是就會明朗起來呢？

比如規定一個時間期限，30 天，然後問一問自己，這 30 天內，自己想做成一件什麼事情，之後把這件事情在 30 天內細化執行。

對，就是你想的那樣，這所謂的 30 天，就是你為自己設定的一個自律期限，你想在這 30 天內做成的事情，就是自律的主題，具體包含以下步驟：

◆ **明確主題**

進行內在衝動和長遠目標的權衡和思考,了解自己的長處與弱點,設定力所能及的目標。

◆ **細化目標**

將目標拆分成具體的執行方式,也就是計畫。還可以嘗試視覺化目標,即透過想像的方式,將完成分期目標的每一個方式、步驟,而不僅僅是行動結果,在腦海中進行「視覺化」。

◆ **做出行動**

儘管這個步驟無須過多地解釋,但在實際生活中,這往往是需要最多努力和自律的一步。

◆ **為每一小步慶祝**

我們需要慶祝自己取得的(哪怕只是一小個)成就。一方面,慶祝作為一種完成任務後的儀式,是一種「延遲的滿足」,這本身就是「自律」的一種培養和展現,同時也是對所付出努力的一種自我肯定。

用這樣的方式來開展自律,是不是就容易得多了呢?

或許還會有人問,那 30 天之後呢?

從某個角度來說,自律其實就是由一個個好習慣組成的,而一個好習慣的培養期限,就是 30 天。

第五章　忙到喘不過氣？自律其實不是這樣的

30 天過後，雖然事情完成了，但是好的狀態保留了下來，唯一變化的就是把習慣的具體內容轉換一下。

比如之前是到某一個時間點看多長時間的書，那麼現在就可以是到這個時間點背多長時間的英語。

或者 30 天之後，你覺得你之前所做的並沒有達到自己的預期，那麼就可以延續相同的主題。

在我看來，自律的核心並不是將計畫付諸實踐，更不是準時完成某件事情，而是一種積極的昂揚的狀態。

試想一下，如果你每天按部就班地做很多事情，早上 6 點起床，除卻吃飯和午休，一直學習到晚上 10 點，然後像機器一樣重複這樣的節奏，日復一日。這是自律嗎？當然不是，這和工廠的生產線有什麼區別？每天重複著固定的流程，毫無生氣和活力。

這就是狀態不線上的表現，當你機械地重複做這些事情的時候，很快就會產生厭煩心理，緊接著就是放棄。

那麼怎樣才能避免這種情況，讓自己滿懷熱情處於積極的狀態呢？

這就要依靠目標和計畫，且必須是短期目標和詳細計畫。

目標的作用是激起人開始做某件事情的欲望，計畫存在的意義是，讓人們在未知中，在不可控時，在頹廢、焦慮

狀態時,能更好地找到切入點,安於當下的狀態。知道自己應該做什麼,何時著手去做,又於何時結束,給自己一個堅持,讓自己免於陷入一種無休止的焦慮和恐懼的思維漩渦中。

但是,目標的激勵作用和計畫的有序作用很多時候只能維持一小段時間,像那種一眼望不到頭的設想,即使非常宏偉,也很難一直讓人追尋下去。

為自律設定一個期限,設定一個主題,就是出於這樣的目的。

在短期可見的目標下,在詳細的計畫中,人們對自我的進步,對當下所做事情的流程都能有一個清晰的認知,不會陷入無方向的混亂中。

第五章　忙到喘不過氣？自律其實不是這樣的

滑短影片、逛蝦皮，時間都去哪了

這樣的場景，我們或多或少都應該感受過：

早上睜開眼，習慣性地摸到手機，打開IG，想著只懶五分鐘，卻一不小心滑到了中午。

只要有點時間就會鬼使神差地點進蝦皮逛來逛去，其實也沒有什麼要買的，就是單純地喜歡這種在購物車塞滿東西的感覺。

晚上睡覺前，計劃著看幾頁電子書，誰知拿起手機就失去了控制，從短影片看到新聞資訊，從購物跑到明星八卦，不知不覺間就到了凌晨。

……

於是人們紛紛感嘆：「手機真是有毒！」「短影片真是有毒！」「遊戲真是有毒！」「蝦皮真是有毒！」一拿起就放不下，一刷就停不下來，一玩就控制不住自己，一逛就逛到地老天荒。

總是感嘆「時間都去哪了」的你，回望自己的種種行為，是否有了清楚的認知？

我們對於自己即將擁有的時間總會有各種計畫，尤其是空閒的獨處時間，相信很多人都會在腦海中對自己的獨處時間進行過美好的幻想：

滑短影片、逛蝦皮,時間都去哪了

早上在和煦的陽光中醒來,穿上運動裝到空氣清新的林間小道上跑跑步,歸來舒舒服服地洗個澡,做一頓健康又美味的早餐;午間,靠在舒服的沙發椅上翻看三毛的隨筆或者任何自己喜歡的書籍,看累的時候聽聽音樂,做做瑜伽,或者插花、作畫;下午,和老朋友小聚,或整理工作上的事情,最後在夕陽的餘暉中結束這一天。

然而,不管多麼美好的計畫,真正到了執行的時候,都會被手機打亂。只要摸到手機,就別想做其他事情,逛一下蝦皮,看一下 YouTube,發個限動,發個美照,而後等著被按讚,回覆評論,時間就這樣慢慢流逝,等你猛地回過神來一看,啊,太陽已經落山了。

如果你以為消耗掉的只有時間,那就大錯特錯了。

總是被各種事情分心,不能靜下來做事情,你的持續專注力時長將會越來越短。

微軟公司在 2015 年時,曾做過一項關於專注力的研究,結果顯示,人類的專注力在過去的 15 年間大幅下滑,2000 年時還能保持 12 秒,到 2015 年就已經縮短到了 8 秒,比金魚還要短 1 秒。

研究人員指出,這與智慧型手機及社群媒體的興起有關。要知道,2015 年時,各類短影片、APP 還尚未普及,照這樣推算,如今人們的專注力恐怕只能維持在 5 秒左右了。

這樣導致的結果就是,你陷入了惡性循環,越是無法專

第五章　忙到喘不過氣？自律其實不是這樣的

注,就越是容易被各種社群媒體吸引,專注力時長就越短。將注意力打碎分給各個 APP,並不能讓你獲得有價值的資訊,因為真正能夠讓大腦汲取營養的往往是那些需要高度且長時間專注的事,比如讀書。

不停地漫無目的地進行一件事情,實際上是在透支精力,而非放鬆。

不知道你有沒有這樣的感覺,玩一天手機,明明什麼事情都沒做,卻還是覺得很累。我身邊有很多這樣的人,工作了一週後,計劃著在週末好好放鬆一下,最後卻玩了兩天手機,然後到了上班時覺得特別累,好像一點都沒休息似的。

當我們有明確的目標並為之努力時,那種確定感會減少我們付出的累感,因為我們是不焦慮的、不慌亂的。反過來,當我們漫無目的地閒逛時,就算不做什麼,心中隱含的焦慮、痛苦也會消耗大量的精力去平復。

就像很多人在長時間滑短影片、逛蝦皮時,內心是有所掙扎的,知道自己這樣做是在浪費時間,這時,你大腦中喜歡偷懶的區域就會想方設法去壓制這些企圖反抗的想法,這就在無形中耗費了大量的精力,再加上進行這些活動本身所耗費的時間,一定是一個龐大的數字。

過度消耗精力,還會伴隨著頭痛、噁心等不良生理反應,甚至有可能誘發疾病。也就是說,玩手機不僅不能緩解

你的壓力、身體疲憊感，還會將其加重，影響你接下來的生活和工作。

事實上，大多數將時間奉獻給手機和社群媒體的人，內心都不是自願的，都知道這樣做是毫無益處的，但為什麼總是控制不住自己呢？在行動前，大腦會給出兩種反應，這兩種反應將指導著人們之後的行為。

- 自我暗示：強調你計劃做的事情比較難，要先做簡單愉快的事情。
- 誘發反應：在做有獲得感的事情的時候，大腦會產生多巴胺讓你持續興奮，沉迷於此。

而手機裡那些社群軟體經過被相關研發團隊設計，其功能設定切中的正是我們的要害，所以，很簡單地，我們就上癮了，就像是那些明明看到了「吸菸有害健康」卻還是不停地吸菸的人。

理論上，任何一件事情都會讓人上癮，但是很少有一件事情會比玩智慧型手機上癮得更迅速。記得聽過這樣一個例子，說的是一個極為自律的人，不相信短影片的推送威力，打算親自試驗一下，結果一滑滑了一上午。

不過，這也不完全是一件壞事，正是因為上癮迅速，所以戒癮也相對容易。

第五章　忙到喘不過氣？自律其實不是這樣的

　　智慧型手機、社群媒體、手遊的戒癮方法，最有效果的就是避免接觸。不打開、不下載、不觸碰，只要堅持在物理距離上遠離，很快就能從中抽身。

　　當然，就算是解除安裝了、關機了、遠遠地放起來，也不能夠一勞永逸，因為你有無數個瞬間會想著再下載回來，再拿出來，再打開看看，稍不堅定就又會回到原地。

　　羅曼・羅蘭在《約翰・克利斯朵夫》一書中寫道：「大半的人在二十歲或三十歲上就死了。一過這個年齡，他們只變了自己的影子。之後的生命不過是用來模仿自己，把以前真正有人味的時代所說的，所做的，所想的，所喜歡的，一天天地重複，而且重複的方式越來越機械，越來越荒腔走板。」

　　羅曼・羅蘭沒有生活在智慧型手機橫行的時代，但他這一段話一針見血地點出了年輕人的現狀，如果你不想讓自己變成機械的重複機器、空洞的行屍走肉，那麼就從遠離手機、不滑短影片開始吧，拒絕大腦給你的暗示和誘惑，堅定地去做你想做的事情。

自律的人「有所為有所不為」

　　週末，初夏剛起床就收到了好友曼文的 LINE 訊息：「在做什麼呢？沒事陪我出去逛逛。」

　　當初夏火急火燎地趕到約定的咖啡廳時，渾身散發著「疲憊」氣息的曼文已經在「自斟自飲」了。

　　「你是想用咖啡灌醉自己嗎？」初夏笑道。

　　「如果可以的話，我倒希望，來，一『醉』方休。」曼文也替初夏倒了一杯。

　　接下來的時間裡，初夏得知了曼文如此無精打采的原因。幾個月前，曼文痛定思痛，咬牙結束了自己的頹廢生活，開始健身、學外語、看書、學做手工……

　　可是這樣持續了一段時間後，曼文覺得自己特別累，一點也沒有享受到自律的快樂，她就安慰自己，是因為時間太短了，很多事情還沒有成效，所以才會出現這樣的感覺。

　　於是，曼文重拾信心，開始咬牙堅持。

　　然而，到現在曼文還是覺得自己一無所獲，而且身心俱疲，變得更迷茫了。

　　「問題出在哪裡了呢？」曼文困惑不已。

　　「嗯……我想我知道問題出在哪裡了。」聽完曼文的訴說，初夏想了想說道，「你是『用力過猛』了，我明白你想要快速改變自己的心情，但是這也不是一下子就能做到的，你

第五章　忙到喘不過氣？自律其實不是這樣的

幫自己安排了太多的事項,而且這些事情在最初階段都是非常耗費精力的,想一想你的精力平分下來到每一件事情上有多少。所以當剛開始的新鮮感過了以後,你就會感覺體力不支,然後越來越敷衍了事,你覺得自己很努力了,其實不過走了走形式,所以到最後既沒有收穫什麼,還覺得累得喘不過氣。」

「唔,有道理。」曼文頓覺豁然開朗,「那我是不是應該去掉一些事情?」

「這是必然的,先把你最想做的一件或兩件事情堅持下來,在這基礎上再慢慢新增。自律不是將一堆有意義的事情堆砌,而是將一件事情的最大意義發掘出來,事情在精不在多,有所為有所不為。」

各種事項一把抓,是人們在養成自律的過程中常犯的通病,尤其是由不自律向自律轉變時,總想著把那些能夠彰顯出自己努力的、上進的事情都安排進來,讀書、工作、運動、陶冶情操各個方面齊頭並進,好像這樣很快就能成為理想中的自己。

結果呢?過猶不及,事倍功半。

《孟子·離婁下》有言:「人有所不為也,而後可以有為。」孟子強調,只有捨棄一些事情不為,才能集中精力做更重要的事情而後有所作為。

相反,如果事事皆管,事必躬親,事無鉅細,必定會把

精力分散，到最後的結果就是忙碌一場卻毫無作為。

我們常把自律與做有意義的事情連繫在一起，甚至畫上等號，但事實並非如此。世界上有意義的事情多如星辰，但人的精力是有限的，盲目地一把抓，不僅不會讓你變得自律，還會讓你反向行之。

我們常說，將時間用在沒有意義的事情上是浪費，但是將時間用在有意義的事情上毫無重點，其實也是一種浪費。

因此，自律並不是機械的填充遊戲，而是合理安排時間使其充分煥發活力。

資訊大爆炸的時代，我們常常會聽到這樣的嘆息：滑短影片、滑脆、滑限動；看書、看新聞、看粉專；聽直播、聽有聲書、聽演講。為什麼我滑遍了知識性服務軟體，不停地在學習，卻感覺什麼都沒有收穫，記不住，講不出，更用不到，面對問題還是一臉蒙⋯⋯

一味地接收所有的資訊，不做取捨，不進行過濾，好的壞的、有用的沒用的、正確的錯誤的都將會被吸收在你的大腦裡。雜亂無章的資訊，很容易被遺忘，也很難被準確提取，因此你才會覺得自己學了很多，到頭來卻覺得毫無用處。

這和自律是一個道理。當你一股腦兒地將很多你認為好的事情全都塞進自己的生活時，所謂的「自律」就已經變了味

第五章 忙到喘不過氣？自律其實不是這樣的

道，不再是以「積極自由的美好生活」為目標，而是如何將自己的上進努力彰顯出來，就像一席爬滿蝨子的華美衣袍，徒有看起來正能量的外表，實則內在空虛混亂。

「魚，我所欲也；熊掌，亦我所欲也，二者不可得兼」，一言以蔽之，自律者，要有所為有所不為，更懂得什麼事該為，什麼事不該為，哪些事先為，哪些事後為，懂得變通和堅守，懂得如何將時間最佳化分配。

那麼，我們應該怎樣將這付諸實踐呢？

一種方法，可以從近期你最想改變的方向入手，為自律找一個切入點，然後全身心地投入其中，暫時將其他不緊急、不必要的事情刨除在外。

比方說：如果你在準備外語考試，那麼自律就先從學習這門外語開始；如果你覺得最近工作很吃力，那麼自律就從提升工作能力開始；如果你想瘦一瘦肚子，那麼自律就從做仰臥起坐開始。

在你將做這件事情內化為習慣後，就可以酌情新增其他事項。比如你計劃每天晚上學習十個英語單字，一段時間後，你養成了習慣，每到規定的時間點就會下意識地去背單字，無須再消耗精力強迫、要求、提醒自己去做這件事，這時候，你就可以再新增想做的事項。

自律的人「有所為有所不為」

當然了,即使是逐步新增,也是有上限的,仍舊要有所為有所不為。

另一方面,要懂得拒絕。

很多時候,面對他人的求助或要求,我們即使不願意也不知道如何拒絕。樂於助人是好事,但在影響自己的情況下,拒絕才是明智的選擇。總是迎合他人不僅會影響自己的節奏,還會招致更多的事端,所以這一方面也要有所為有所不為,尤其是對於正在自律養成路上前進的你而言,要盡量把精力和時間都放在自己的事情上。

自律的人,知道自己想要什麼,因而有所為有所不為,懂得取捨,懂得放棄該放棄的,堅持該堅持的。

第五章　忙到喘不過氣？自律其實不是這樣的

活用碎片化時間，讓自己更自律

　　馬上到下班時間了，大家都不約而同地關上了電腦，坐等著那一刻的到來。陽陽環顧了一週，發現只有夢夢還在埋頭「苦幹」。

　　「你看你看，夢夢又在那假裝刻苦工作呢，也不知道做給誰看，再說就這幾分鐘能變出什麼花樣來？」陽陽戳了戳旁邊的同事，兩個人露出了鄙夷的神情。

　　「你沒看到上次，中午休息的時候我想下樓買杯咖啡，當時你們都不在，就她自己，我就想讓她跟我一塊去，結果你猜人家怎麼說，『什麼，不好意思啊，我剛看完一本書有一些感受想寫一下，等一下再寫我怕忘了，所以就不陪你去了』，顯得只有她自己用功好學了，真是的。」另一個同事聽見了，也添油加醋地吐槽道。

　　「就她好學，就她自律，但也沒看到比我們強到哪去啊，是吧？」陽陽故意將聲音提高了些。

　　一天，部門經理宣布了一個重要消息，公司計劃開展一個非常重要的專案，他們部門的專案負責人由夢夢擔任。

　　「憑什麼呀？為什麼讓夢夢擔任這麼重要的職務。」散會後，陽陽找到經理抗議道。

　　「你呀，可真是讓『仇恨』矇蔽了雙眼，你跟夢夢確實合不來，但是你也不能因此否定人家的能力啊，拿著你們的總

活用碎片化時間，讓自己更自律

結報告、業績表、出勤紀錄比對比對，你就知道為什麼讓她當負責人了。人家夢夢幾乎把所有的空閒時間都用在了工作和提升自己上，連幾分鐘的時間都不肯放過，你呢？」

經理幾句話，讓陽陽啞口無言。

1分鐘、5分鐘、10分鐘，這麼短的時間能做點什麼，和人的一生相比，和一件偉大事業的巨大工程量相比，這點時間的確什麼都算不得，什麼都做不了。

但別忘了，高樓大廈也是起於一磚一瓦，浩瀚大海也是源於千萬溪流的匯集，幾分鐘的時間看似很少，能做的事情也寥寥無幾，可是要是利用好，成年累月地累積下來，未嘗不是一幢時間大廈、一片知識海洋。

更重要的是，碎片化時間的利用，也是促進自律的關鍵環節。

在如今碎片化快節奏的生活中，我們的時間系統每天的執行都會產生大量的零碎時間，這裡所說的零碎包含兩個方面，一是主觀原因，比如因為臨時性的工作導致思路的中斷；二是客觀原因，比如因個人的時間安排導致的事項間斷。總之，一天下來，時間很難被湊成比較大的整塊。

生活中，幾乎處處都是碎片化時間，比如等公車的時間，搭公車、等人、排隊、走路的時候等，在做這些事情的時候，你的注意力可能會被隨時打斷，所以它的時間像是一

第五章　忙到喘不過氣？自律其實不是這樣的

小段一小段的碎片。

儘管零散的時間有很多，但是很多人依然沒有把它們當回事，認為那一丁點時間做不了什麼，但其實利用碎片化時間學習是一種高效的學習方法，對於個人成長有著非常重要的意義。

我們不妨來認真地想一想，1分鐘能做些什麼？

看一封郵件、搜尋一個生僻字、拼寫一個英文單字、摘抄幾個好詞句、提一個問題……

那麼，5分鐘呢？

讀一篇文章、背三個單字、寫一段影評、聽一首歌、了解一個新概念……

可見，很短的時間裡，也有很多事情可做，你覺得無事可做，不過是在為自己的懶惰和貪圖享樂找藉口。

當你真正將碎片化的時間合理利用起來後，你就會發現自己的時間一下子多了好幾倍，生活也變得充實無比。

那麼，碎片化的時間到底做什麼才更有意義呢？

稍微長一點的時間，比如在公車上、睡前，一般會有半個小時左右的時間，可以做看書、了解某一領域內容等有一定連續性的事。

短一些的時間，比如工作的空檔、上廁所時，可以看幾

活用碎片化時間，讓自己更自律

個有趣的句子、看一些科普影片，飯後，可以跳跳繩、練練瑜伽等。

需要注意的兩點，如果你學習的是碎片化的知識，那麼最好隔一段時間就進行一次總結，將單個的知識點歸納到一類，最終形成自己的知識體系，否則，將毫無用處；最好將同一個時間段所做的內容統一化，比如中午休息時間看一篇有內涵的文章，那麼，就盡量在每個午休時間都這麼做。

實際上，碎片時間具有承上啟下的作用。一天當中，時間會被切割為幾個大塊和一些小塊，大塊的時間多用於工作或者學習，而小塊的時間則造成的是延續和調節作用，打個比方，比如上午的工作中，你有一些問題沒有解決，但沒有必要占用工作時間，那麼就可以在午間休息時查資料、請教別人來解惑。再比如讀了一上午的書很累，那麼午間就可以聽聽音樂、做做運動緩解一下，以便更好地進行接下來的任務。這也是利用好碎片化時間，促進自律的根本原因。

整體而言，碎片時間具體如何使用，要根據個人情況來定，但一定要跟你想做的、在做的有意義的事情有所關聯，對提升自己有所幫助。

有首詩說「春來不是讀書天，夏日炎炎正好眠。秋有蚊蟲冬有雪，一心收束待明年」，若不想讀書，任何時候都不適合讀書，反之，即使天黑屋暗，也要囊螢映雪；即使春睏

第五章　忙到喘不過氣？自律其實不是這樣的

秋乏，也要懸梁刺股。同理，想要自律，想要讓自己變得更好，任何時間都可以利用起來，1分鐘、5分鐘的努力，在一天、一個月內可能看不出來，但是1年、10年呢？

對於普普通通的一滴水而言，數十年如一日地滴下，其實是它「打敗」石頭的捷徑；對於同樣平凡的我們而言，把握好每一分鐘的時間，才有可能變得與眾不同。

自律最忌「拖字訣」，該出手時要出手

「運動運動，我今天一定要跑 5 公里。」下班路上，珊珊在心裡想著。

回到家打開房門，柔軟的沙發映入了眼簾，此刻的珊珊多麼想躺上去休息一會兒，可是以往的一幕幕又浮現在了眼前，昨天、前天她都是想著先休息一下再運動，結果這一休息直接到了第二天。

「不行，我要自律，我要改變，怎麼能這麼輕易地就被一張沙發打敗呢？」這樣想著，珊珊打消了休息的念頭，開始換運動裝、運動鞋。

珊珊正打扮自己時，手機響了起來，原來是好友傳來了訊息，她一一回覆過後，突然想到了什麼，又點進了新的頁面。不知不覺中，半個小時過去了，珊珊還在看手機，把跑步的事拋在了腦後，等她反應過來時已經將近 10 點鐘了。

「哎呀，已經這麼晚了，外面又冷又不安全，明天再說吧。」同樣的藉口又浮現在了珊珊的腦子裡，她索性直接換了睡衣躺到了床上，開始「舒舒服服」地玩手機，心裡卻想著：

「明天，我一定不能再這樣了。」

可是誰知道明天到底是怎樣呢？

例子中，珊珊這種表現就是典型的拖延。

第五章　忙到喘不過氣？自律其實不是這樣的

一直以來，拖延都是以自律「頭號敵人」的身分被熟知，但不幸的是，每一個人，包括那些成功人士、各界奇才都或多或少地存在拖延。

可以說，拖延早已不是個人的壞習慣，而是一個普遍存在的社會現象。

本質上來看，拖延是一種逃避主觀痛苦的逃避機制。這種主觀痛苦更確切地說是恐懼、乏味，來源於某件事情的進行過程以及悲觀性的結果。

不難發現，拖延症患者所拖延的大多時候都是工作、讀書、鍛鍊方面的事情，一般情況下，那些容易令人拖延的事情，滿足以下特徵中的一個或多個：

- 要開始即有難度
- 過程枯燥且乏味
- 總會讓人沮喪
- 缺乏內在獎勵
- 很難獲得成功

這也是為什麼很少有人會對追劇、看電影、打遊戲、玩手機、逛購物網站拖延，因為做這些事情壓根沒有一點難度，你只需動一動手指，並且在進行的過程中，你能很迅速地獲得某種快樂，那些精采的打鬥場面讓你熱血沸騰，喜歡的男明星讓你少女心氾濫，大量有趣的資訊讓你應接不暇，

旁人的按讚讓你喜出望外，這讓覺得自己獲得關注，見識到了很多新鮮的東西，學習到了很多碎片化的知識，這些感覺又促發你堅定不移地進行這些事情。

這也是為什麼一些人在某個時間甚至會對外出、逛街、上廁所等事情也產生拖延，相比於暖和的被窩，誰能說穿著單薄的衣服穿越冷颼颼的走廊以及到寒風刺骨的大街上不需要勇氣呢？而讀書、工作、運動方面的事項則要更複雜、無趣，它需要更多的勇氣、決心、毅力，要忍受無比冗長枯燥的過程，還很難達到良好的結果。

於是，因為開始太難或者不想忍受毫無趣味的過程，又或者是害怕失敗、害怕做不好，人們選擇了逃避，而逃避的最佳方式就是拖延。

詩人顧城在〈避免〉中形象道地出了這個過程：

你不願意種花，你說，我不願看見它一點點凋落。

是的，為了避免結束，你避免了一切開始。

但是，拖延了就能解決問題嗎？當然不能，而且還會使問題變得越來越大，越來越難處理。

在一件事情上拖延，結果大致可分為兩種：一是臨近最後期限，巨大的慌亂感使你「揭竿而起」，迅速潦草地將事情完成；二是面對一團亂麻的事項，完全崩潰，直接放棄解決。

當你一次又一次地重複這種行為，總是將一件事情拖到

第五章　忙到喘不過氣？自律其實不是這樣的

不能拖的時候再開始或者直接放棄，很快你就會淪落為重度拖延症患者，屆時什麼辦法都將毫無用處，不要說養成自律習慣了，就連基本的生活你很可能都應付不好。

那麼，我們要怎麼做才能戰勝拖延，實現快速出擊呢？

老實說，戰勝拖延不是一件簡單的事情，想要快速改變，基本不可能。目前，書籍、網路等媒介上，關於改善拖延的方法並不少，有很多人也進行過嘗試，但是為什麼成效甚微呢？

關鍵還是在於拖延者本身的信念，到底是不是真的想要改變，到底有沒有決心做到。如果有，按照一些要點執行，很快你就能看到效果；如果沒有，任何芳法都是無效的。因為一切外在的措施所產生的都只是輔助作用，它們所輔佐的就是你的大腦。

所謂要點，主要指以下內容：

第一，從現在開始，停止一切「大而空」的幻想。不要每天想著我是與眾不同的，我一定能有所成就，世上人千千萬，真正能被歷史銘記的不過滄海一粟，你能做的只是盡量讓自己開心而不潦草地過完這一生。

第二，放棄一切沒有明確步驟的目標，不要在心裡許願：我要學會英語、我要練出腹肌、我要瘦身成功……這些都是無用的，不過是一個個模糊又嚇人的口號。

真正的做法應該是,選擇一個目標,進行長遠規劃,但是要分階段,且每一個階段都要有十分詳細的步驟。

比如你要學會英語,那就把每一階段用什麼軟體學、一天學多少內容、什麼時間開始學等通通規劃好;你要練出腹肌,就把前一個月做什麼樣的動作、做多少分鐘,後面幾個月做什麼動作、做多長時間,都有一個大概的了解,把你要做的事情細化到每一天、每一次。在這裡還需要注意的一點就是,要把第一階段的任務設定得非常輕鬆,類似於微習慣的養成。

第三,在開始重要的長遠目標之前,先把緊急的事情處理完畢。

無論是長遠的還是緊急的,一旦你決定開始做一件事情,就不要想太多,尤其不要想結果,不管是暢想目標完成後的輕鬆愜意還是失敗的痛苦沮喪,都不要去想,只管去做,去享受過程。

當然,這並不是一件容易的事情,因為這個過程的確沒什麼可享受的,與此同時你大腦中那個痴迷於及時享樂的「怪物」會一次次地誘導你去玩遊戲、逛網站、看電視劇,但請相信,每當你有這樣的心思時,也正是抵禦那個「怪物」的最佳時機,堅定信念,向著反方向來,度過了這一瞬間就會輕鬆很多。

第五章　忙到喘不過氣？自律其實不是這樣的

　　第四，不要在潛意識裡為客觀的事情貼標籤。對於我們大多數人而言，追劇、滑社群媒體是快樂的，而工作、讀書就是痛苦的。但實際上，任何一件事情都是各種感受的綜合體，只不過是我們在某段時間內產生了的一種主導性感覺，隨後就用這一種感覺來籠統地指代這件事情。

　　換言之，你覺得讀書痛苦是因為你還沒有到達讀書產生快樂的階段，你覺得遊戲好玩是因為暫時掉進了行銷的套路中。不可否認，讀書、工作的快樂要付出很多才有可能感覺得到，透過娛樂性的事項卻可以毫不費力，但從長遠來看，前者可以受益終身，後者只是暫時性的且會引發人的墮落。

　　第五，遠離手機、網路。毫不誇張地說，現代人生活的絕大部分都在被手機和網際網路占據著，沒有它們，我們將寸步難行。也正是如此，我們自然地將玩手機、「衝浪」（surfing the internet）當成了一項近乎於本能的事情。

　　當我們要去跑步時，聽到了手機鈴聲，於是想都不想就會拿出來看一下，接著慢慢被吸引到手機的世界裡。當我們要正式開展一項工作前，如果沒有把所有的社群平臺刷一遍就會覺得缺點什麼東西，非要確認沒有訊息後才能開始。總之，很多時候我們的拖延就是在被手機和網路引領著。

　　所以，除了必要的聯絡、使用，請慢慢地遠離你的手機，特別是在進行你的計畫時，最好將手機放得遠遠的，也

不要登入任何社群網站。

　　拖延雖然難以戰勝,但往往轉捩點就在你伸出手的那一瞬間,別總是在腦子裡想,勇敢地去做,才會有更多可能。

第五章　忙到喘不過氣？自律其實不是這樣的

第六章
樂觀為底,
心平氣和才有持久的自律

第六章　樂觀為底，心平氣和才有持久的自律

99% 的煩惱都是庸人自擾

相傳，在春秋時期，杞國有一個膽小又有些神經質的閒散之人，經常會思索一些奇怪的問題，讓人覺得不可理喻。

一天晚上，他吃過飯，到門口乘涼，無意間望了望天空，隨後就產生了一個莫名其妙的念頭：天這麼大，要是有一天塌了可怎麼辦，我們往哪裡逃呢？

此後，他每天都在想這個問題，並為之煩惱憂慮，甚至茶飯不思，以致精神恍惚、身形憔悴。

朋友、鄰居看到他如此模樣，還以為出了什麼大事，紛紛前來安慰，可聽到他說出前因後果，大家都面面相覷，只能勸說道：「老兄啊！你何必為這件事自尋煩惱呢？天空怎麼會塌下來呢？再說即使真的塌下來，那也不是你一個人憂慮發愁就可以解決的啊，想開點吧！」

但無論別人怎麼勸說，他就是不聽，一直沉浸在自己的煩惱中。

這個「杞人憂天」的故事相信大家都不陌生，且看來肯定感覺荒誕可笑，然而，現實生活中，很多人包括你我，都是故事中那個「杞人」。

你是否曾有過把自己氣得半死的經歷？或許是因為和他人鬧了不愉快，或許是因為事情沒有做好，甚至有時候只是因為看了一部電視劇。你是否有過無比憂心焦慮的時刻？可

能是因為孩子成績不好，可能是因為一件重要的事情，但也可能只是因為對未來的過分恐懼。你是否有過特別心煩意亂的時候？或許是因為一堆突如其來的變故打亂了你原本的計畫，或許是一道難題擋住了你的思路，或許只是別人打擾了你的清淨……

在這些事情剛發生時，你會被強烈的負面情緒裹挾著，你會覺得人生處處不如意，你會感到無比痛苦憂慮，但當事情過去，你再回過頭去想時，就會發現，那時的一切並沒有那麼糟糕，自己的反應未免過激甚至可笑了些。

其實，很多時候，事情本身並沒有那麼嚴重，只不過是你內心賦予了它無數的煩惱成分，進而自己把自己困在了囚籠中，自怨自艾，自尋煩惱。

誠如《新唐書‧陸象先傳》所言：「天下本無事，庸人擾之為煩耳。」人們總以為是一波未平一波又起的、亂成一團又一團的事情困擾著自己，一點點消磨著自己的信心、耐心，讓自己無法抽身去追求真正有價值的東西。

然而，困住自己的哪裡是事情本身，而是自己的內心，是自己看待事情的觀念。換言之，困擾你的正是你自己，而不是外界的人和事。世界上有太多人鑽進了自己製造的困境中還不自知，每天為一些微不足道的小事輾轉反側，耿耿於懷，讓大好年華都付之東流。

人人都笑「杞人」，卻不知，人人都是「杞人」。

第六章　樂觀為底，心平氣和才有持久的自律

當然了，也有那麼一些人，可以從這樣的困境中逃出，不被世間紛擾所亂，活出輕鬆自在，活出自由灑脫。

那麼，他們是如何做到的呢？

一般來說，喜歡自尋煩惱的人往往具備以下特點：

◆ 習慣性逃避拖延

我們常說「大事化小，小事化了」，然而，在多數人那裡，這個順序卻反了過來，變成了「小事變大，大事成糟」。

這是因為他們對待問題總是以「逃避」作為第一方案，在問題出現的最初，不及時處理，任其像滾雪球般不斷擴大，以致延誤了最佳處理時機，而後又破罐子破摔，索性任由它惡化下去，同時自己又不停地懊悔自責，擔憂後續的狀況。

◆ 貶低自我價值

有些人對自我沒有清楚的認知，但凡與自己相關的事情出了問題，就下意識覺得是自己造成的，把過錯都攬在自己身上，覺得自己一無是處，毫無價值，待事情過去之後，還會一直沉浸在這樣的消極情緒中無法自拔。

◆ 喜歡盯著消極面

生活中不乏這樣的人，他們看待問題時習慣性地著重那些不好的地方，但從來不去想解決的辦法，而是將它們壓在身上，無限地放大，不斷地去想，去擔憂害怕。

◆ **總是委曲求全，好以弱者自居**

有一類人他們常常壓抑著自己的需求，總是迎合著別人做決定，但他們的內心也會因此感到痛苦和委屈，替自己冠上「弱者」的名號。以「弱者」自居在一段時間內可以讓人緩解一下心中的憤懣，免於內耗，但是長時間如此，整個人就會變得消沉，喜歡抱怨，對一切充滿恐懼。

如果你也有這些行為，只要能反向行之，問題就解決了一大半。

楊絳曾說，人之所以困惑，就是因為你想得太多而知道得太少。因而，庸人自擾的根本，亦是源於知識的匱乏，導致對自己認識不清，對世事認識不清，對大環境認識不清。

不了解自己，很容易被外界的評價左右；不能辯證地看待問題，遇事就容易偏激；不能夠識時務，就很容易迷失自我。如此，煩惱自然而來。

因此，擺脫「自擾」的根本，就是學習，既要學習書本上的內容，也要學習生活的技能，秉著開放包容的態度，吸收廣泛的知識，並將之為己所用。當然，這是一個長期的需要持之以恆的過程，若僅以這種籠統的模糊的概念作支撐，很難將其付諸實現並堅持下去，最簡單、最快捷的方法，就是盡快從一件小事開始做起，這就相當於替思緒設定了一個實體的依託，它就不會再漫無目的地遊蕩，沒來由的煩惱自然

第六章　樂觀為底，心平氣和才有持久的自律

就會少了起來。

實際上，真正夠得上讓你煩和惱的事情其實就那麼一丁點，剩下的都不過是自己和自己計較罷了。

你不妨靜下心來仔細回想，那些你曾覺得十分鬧心的事情，譬如主管為什麼突然對我這麼冷淡；上次吃飯他為什麼沒有叫我；他今天為什麼以那樣的眼神看我，是不是我哪些地方做得不到位；我打電話他為什麼不接；他為什麼只顧著發文，不回我的評論……是不是很多都只是你猜的、你覺得、你想像的，這些有可能是真的，但更多時候是大腦的幻象。

佛說，我們生活在一個由各種幻覺組成的世界裡。現實雖沒有這般魔幻，但是人們因為各種不確切的不全面的資訊，想像可能並不會發生的事情，進而產生擔憂、煩躁、焦慮等負面情緒，為自己徒增煩惱，卻是普遍的現象。

大發雷霆是本能，平心靜氣是本事

連下了幾天的大雨，天終於晴了。

小林拉開窗簾，看著外面久違的陽光，打算出去走走，舒緩舒緩自己這幾天和天氣一樣糟糕的心情。

簡單收拾了一下，小林就出門了，她打算到附近的公園散步一圈。

雨後的空氣非常清新，讓小林頓感神清氣爽，心情也跟著暢快起來。正當小林享受其中時，一個七八歲的男孩橫衝直撞地跑過來一頭栽進了小林的懷裡，小林毫無準備，一個沒站穩，跌倒在了地上。

地面還有未乾的雨水，周邊還都是人，小林褲子溼了，又被一群人側目盯著，不禁又羞又惱，前些天的怒火也被牽引了出來，不受控制般地對著那男孩大吼：「你這孩子怎麼回事啊？沒長眼睛啊！看不見前面有人嗎？」

男孩也驚魂未定，又被小林這麼一吼，便大哭了起來。這時，一個女人氣喘吁吁地趕過來對小林說道：「妳說妳一個大人，跟孩子計較什麼呢？他也不是故意的，你有必要這麼吼他嗎？」小林一聽，火氣更大了，跟女人辯論起來，兩個人你一句我一句，吵得面紅耳赤。

眼看著周圍看熱鬧的人越來越多，小林臉上更掛不住了，心裡後悔起來，趕緊找了個藉口從人群裡擠了出來，她

第六章　樂觀為底，心平氣和才有持久的自律

往外走時還聽見背後不時地傳來那孩子媽媽和周圍人的聲音:「這麼大的人了,跟孩子生什麼氣呢?」「本來沒多大的事,一人少說一句也就過去了」……

回到家裡,小林越想越委屈,趴到床上大哭起來。哭完了,小林心情平復了不少,她回過頭來仔細想了想今天發生的事情,沒了委屈,而是覺得特別不值得。

如果,當那小男孩將她撞倒的時候,她沒有發脾氣,而是將孩子扶起來,問問他有沒有摔傷,又該是怎樣的場景呢?

小男孩可能會怯怯地說聲阿姨對不起,他的媽媽也會趕過來道歉,周圍的人也不是抱著看熱鬧的心態,而是誇她寬容大度,她的好心情也不會被毀掉,反而會變得更好。

就算達不到這樣美好的程度,最起碼,也不會變成和人吵架被圍著看這麼糟糕。

而這一切,都從她那句大吼開始,發生了本質的變化。

喜怒哀樂是人之常情,和微笑、悲傷一樣,憤怒也是人的基本情緒之一。現實生活中,能夠激發我們憤怒情緒的事情有很多。朋友做了對不起你的事情,上司一碗水端不平,父母家人總是不能理解你……當它們發生的時候,我們的身體裡就會有一股抑制不住的力量想要迸發出來,這股力量往往會促使我們做出一些衝動的、難以被理解的甚至是不被大眾所接受的舉動。

生氣是人的一種本能反應,但即便如此,發脾氣也有分

寸可言，不能胡亂而為，因為一件極小的事情氣得上竄下跳，茶飯不思，這不是真性情，而是愚蠢。

每一種情緒的背後，尤其是不良情緒，大都隱藏著深層的心理原因，憤怒也不例外。人為什麼會生氣呢？他盜用了我的勞動成果，我不甘心，我生氣；他們沒有按照我說的去做導致了如此不堪的結果，我憤恨，我生氣；她當眾讓我出醜，我羞惱，我生氣……然而不管是不甘還是恨，本質上都是「無能為力」。

這也是為什麼，我們在生氣時所做的決定事後回想起來往往會追悔莫及。那些在平常就算用腳指頭想想都不會去做的事情，之所以會在你憤怒時順理成章地發生，就是因為你壓根不知道怎樣去解決，就胡亂採取了最為簡單粗暴的方式——跟著情緒走。

你對所發生的事情毫無招架之力，想不出好的辦法去處理，只好透過情緒發洩，掩飾內心的不安，寬慰自己的恐懼。從這個角度來看，生氣就是一種無能的表現，而越容易生氣的人，能力越是有所欠缺。

《論語別裁》中講：「上等人有本事沒脾氣，中等人有本事有脾氣，下等人沒本事有脾氣。」老話說「人微易怒」，講的也是這個道理，越是沒有什麼本事的人，遇事越容易發脾氣，而層次越高的人，性情反而越平和。

第六章　樂觀為底，心平氣和才有持久的自律

美國總統林肯在任期間，有一天他的陸軍部長史坦頓非常氣憤地來找他告狀。

史坦頓說，一位少將指責他偏袒他人，言辭異常激烈，甚至有侮辱的意味，這讓他無法忍受。

林肯聽罷，建議史坦頓寫一封信回敬對方。

史坦頓隨即照做，他將自己的滿腔憤怒毫無保留地發洩在了紙上，而後滿意地拿給林肯過目。林肯看過後連連稱讚史坦頓罵得好，轉而卻讓他將信扔進爐子裡燒掉。

史坦頓大感不解，林肯解釋道：「我生氣的時候都是這麼做的，這封信你寫得很暢快，罵得很好，這就說明在寫的過程中，你的怒火已經發洩出來了，這上面的話都作數了，所以現在就請你把它毀掉，再重寫一封吧。」

總統之所以能成為總統，從這一件小事就可以看出端倪。

人類生來是情緒化的，理智只是我們在進化過程中，逐漸發展出來的產物，很多時候，我們都會無意識地被情緒牽著鼻子走，從而做出種種不理智的行為。但是，那些有能力、有魄力、層次高的人，卻不會輕易被情緒控制，即使在很生氣的情況下，他們也不會胡亂發洩，更有甚者還會凌駕於情緒之上，巧妙運用情緒達成自己的目的。

人們常說，大發雷霆是本能，平心靜氣是本事，這話一點沒錯。

《烏合之眾：大眾心理研究》一書中有這樣一句話：「我們以為自己是理性的，我們以為自己的一舉一動都是有道理的，但事實上，我們絕大多數日常行為，都是一些我們自己無法了解的隱蔽動機的結果。」

也就是說，多數情況下，人的行為契機都不是理智的，而這個不理智的契機，就是情緒。

心理學上有個非常著名的法則，叫做「費斯汀格法則」，指的是生活中的情況，10% 是由發生在你身上的事情組成，而餘下的 90% 則是你對這些事情的態度和反應。

就拿開頭的例子來說，小林被小男孩撞倒，這是她本身無法控制的意外情況，但是之後的種種不愉快，卻都源於她自己。在被撞倒後，她順應本能，採取了大發脾氣的處理方式，於是後面的一系列吵架、被圍觀、被議論隨之而來，倘若她最初選擇將怒火壓下，用平和的方式對待這次突發情況，之後發生的一切也將不同。

不隨便發脾氣，能使你免掉更繁雜的情緒困擾，讓你得以保留更多的精力去做更重要的事情，做更正確的決定，做更理性的判斷。

拿破崙說，大多情緒浮躁的人都很難做出正確的決定，有所成就的人基本上都比較理智。一個人要想成功，首先就要控制住自己浮躁的情緒。

第六章　樂觀為底，心平氣和才有持久的自律

　　作為成功的左膀右臂，自律也是如此。一個想要變得自律的人，最首要的任務就是學會控制自己的情緒。

　　當然，和本能背道而馳，從來都不是一件簡單的事情，保持心平氣和，的確是一項需要用心修練的本事。世故不是成熟，麻木不是深沉，怯懦不是穩健，油滑也不是智慧。

　　人對自由的看法會影響自律感。心理學上有個概念叫自由意志，就是說我們每個人都有選擇自己行為的自由，我們的所有行為自己都可以決定。越是不相信自由意志的人，自律性越差。為什麼會這樣呢？這主要是因為，那些不相信自由意志的人，普遍覺得自己的行為都是環境因素決定的，我又沒辦法掌控自己的行為，當然也沒必要為自己行為的後果負責。

自律路上遠離負能量

「昨天,我把一個國中同學的LINE封鎖了。」剛到公司,柚子就跟同事宣布道。

幾個同事知道有八卦可聽,於是心照不宣地都沒說話,只是用眼神催促柚子接著說下去。

原來,柚子和這位國中同學,自從畢業後就沒怎麼聯絡過,直到前不久在一個聚會上碰到了,才又開始聯絡起來。

那之後,這位國中同學就經常找柚子聊天,但每次聊天的內容都出奇地一致,那就是發牢騷、吐苦水,不是抱怨這個就是痛罵那個。

剛開始,柚子還滿能理解她的,也會耐心地措辭安慰她,但是漸漸地,柚子發現事情似乎在朝著一個可怕的方向發展下去。

本來,柚子是一個很樂觀且自律的人,生活積極健康,每天正能量滿滿。但自從成為那位國中同學的「心情垃圾桶」後,柚子感覺自己越來越容易煩躁,常常控制不住地發脾氣,耐心也少了,整個人的狀態都有點不對。

某一天,柚子再一次聽完她的抱怨後,果斷「封鎖、確認」,將源源不斷的負能量鎖在了自己的黑名單裡。

「哦,怪不得前段時間看妳總是無精打采的,我們還以為妳失戀了呢,私底下還偷偷議論不知哪位帥哥能讓妳這個

第六章　樂觀為底，心平氣和才有持久的自律

『女強人』魂不守舍呢。」同事調侃道。

「好了，我現在終於解脫了。」柚子伸了個懶腰，露出了一個如釋重負的微笑。

不知道從何時開始，我們周圍出現了越來越多的負能量事物。

朋友 A 整天打遊戲，滿口三字經；朋友 B 總是抱怨工作壓力大，上班像坐牢；朋友 C 迎來了遲到的叛逆期，每天醉生夢死到半夜……

路人甲仰頭望了望天空，露出了絕望的表情；路人乙哭訴著，擺出了「我弱我有理」的架勢；路人丙垂頭喪氣，不斷抱怨社會不公……

這樣的風氣越發蔓延，並藉由網際網路的脈絡，形成了一種在年輕族群中特有的文化現象──「厭世」。所謂「厭世文化」，指的就是年輕人因為讀書、事業、感情等的不順而在網路上、生活中表達自我沮喪的一種文化趨勢，它們存在一個共同的特質，那就是滿載負能量。

班傑明‧富蘭克林說：「內在能量與毅力能打倒一切！」每個人的體內都蘊含著一股強大的能量，這股能量能支撐著我們戰勝挫折，走出谷底，引領我們走向幸福的人生。但是，這股能量並不是一成不變、持續飽滿的，它也會被消耗、被削減，那些消耗、削減能量的東西就是負能量。

自律路上遠離負能量

承載負能量的人，不僅本身會持續處於消沉頹廢的低能量狀態，還會將這種「喪」傳遞給身邊的人。想像這樣一個場景，某一個陽光明媚的早上，你打開 IG 想看一看大家的限動，結果映入眼簾的都是這樣的內容：

「今天又是負能量滿滿的一天！」

「讀那麼多書有什麼用，還沒夜市擺攤的賺得多。」

「別人都靠爸靠媽，你能靠什麼？只有爛命一條。」

「我差不多是個廢人了。」

「躺平到死亡！」

很大機率，你的好心情也會被毀掉一半。僅僅間接的文字就有這樣大的威力，更別說直接接觸承載負能量的本體了。

充滿負能量的人，在內耗的同時，也會消耗他人的能量，跟這樣的人相處久了，你就會在不知不覺中也變得消沉頹廢，對生活失去信心，屆時不要說自律了，恐怕你還會萌生出「活不下去」的念頭。

「近朱者赤，近墨者黑」、「久入芝蘭之室而不聞其香，久入鮑魚之肆而不聞其臭」，古往今來，很多事例都證明，人很容易受到身邊環境和人的影響。

美國著名心理學教授大衛‧霍金斯關於這個問題曾做過百萬次案例，得出結論──能量對我們的影響是不可思議的，當正能量的人出現時，他的磁場會帶動萬事萬物變得有

第六章　樂觀為底，心平氣和才有持久的自律

秩序和美好；反之，負能量的人，他的磁場會擾亂周圍的一切，使之變得混亂糟糕。

和作風混亂的人生活在一起，你的生活秩序也會被打亂；常和喜歡炫耀的人來往，你也會慢慢變得虛榮；和愛發脾氣的人待久了，你也會變得容易暴躁……

當積極生活的你開始和負能量接觸，很快，你就會變得不那麼樂觀，不那麼陽光，不那麼快樂。

當本就焦慮的你，遇見了另一個負能量的他，很快，你就變得更低沉、更悲觀、更焦慮。

如果，你不想變成這樣，最簡單、最快捷的方式，就是遠離，就像例子中的柚子一樣，對於那些擾亂自己生活，給自己帶來不快感受的人，果斷按下封鎖鍵、刪除鍵。

當然，有時候，我們本身也會因為各種事情不可避免地陷入悲觀情緒中，這時的我們其實也是一個負能量的載體，為了使自己不被負能量吞噬，也不將其傳遞給別人，就要學著自我釋放情緒。

這裡有幾個小方法可以幫助你控制負面情緒：

◆ 色彩法

國外曾有一個特別愛發脾氣的女孩，她的媽媽就買了紅、黃、藍等幾種不同顏色的球，告訴她哪種情緒對應哪個顏色的球，當她產生這種情緒時，就可以將相對應的球放進

指定的筒內,這樣做一段時間後,女孩的情緒問題就減輕了很多。

美國心理學家賈米森也曾提出,「數顏色」可以有效控制情緒。當你感到鬱悶或者憤怒時,可以找一個安靜的地方,然後環顧四周的景物,將看到的顏色在心中默唸:「那是一張古銅色的桌子,那是一扇白色的紗窗,那是一棵綠色的大樹,那是一塊紅色的廣告牌⋯⋯」這樣數十幾種後,你的心情就會平復下來。

◆ 冥想法

拉瑪《冥想》一書中提到:「沉靜,是人們接納所有生命體驗的一種理想狀態,而要達到這樣的狀態,必須透過冥想。」

冥想本是瑜伽鍛鍊中一種入定的技巧,後漸漸被引入到生活中成為一種放鬆自我的方式。所謂冥想,就是讓自己進入到一種極度舒緩的空靈的狀態,暫時忘卻煩惱。

每天抽出半個小時左右的時間,擺出一個讓自己最舒服的姿勢,閉上眼睛集中注意力,運用想像力把自己送到一個遠離塵囂的地方,或是躺在軟軟的雲上,或是奔跑在蔥鬱的森林中,或是翻滾在一望無際的草原上⋯⋯

每天堅持冥想,有助於內心平靜,可促進身心健康。

第六章　樂觀為底，心平氣和才有持久的自律

◆ 轉換法

古老的西藏，有一個叫愛地巴的人，每次生氣和人起爭執的時候，就以很快的速度跑回家去，繞著自己的房子和土地跑3圈，然後坐在田地邊喘氣，也不再回去與人吵架了。

後來，愛地巴的孫子問及原因，愛地巴才把自己心中所想說了出來。

他說：「年輕的時候，圍著自己的土地、房子跑時，我就在想，自己的房子這麼小，土地這麼少，我還不努力，哪有時間哪有資格跟別人生氣呢？這樣一想，氣就全消了。而我現在依然會生氣，生氣時也還會繞著房地走3圈，但我邊走邊想的是，我的房子這麼大，土地這麼多，我又何必跟人計較？一想到這，氣也就消了。」

愛地巴這種排解情緒的方式就是轉換法，將憤怒、悲傷、憤恨等消極情緒轉換成打拚、進取的鬥志，得以快速擺脫負能量的干擾，進行正能量的行為。

當我們沒有強大的意志力將負能量轉換時，也可以退而求其次，實施轉移。

比如透過記情緒日記，把自己的興奮點和煩惱點寫下來，也能讓失控的自己好過一些。

比如放縱一次，去吃喝玩樂打遊戲等。

◆ 銷毀法

這是最簡單的方法，但同時也是最有效的。

所謂銷毀，就是將煩心事、壞情緒寫在紙上，然後撕掉或扔進垃圾桶，這個方法雖然聽起來很雞肋，但真的有用。

值得一提的是，不要在情緒到了崩潰臨界點時再去這麼做，而是每天或者每隔幾天，就進行一次，有時候甚至不用銷毀，只要寫下來即可。

實際上，負能量也是一點一點累積起來的，從最初的小小的壞情緒就開始抵制，負能量就永遠無法將你吞噬。

第六章　樂觀為底，心平氣和才有持久的自律

昨日之事不可留，別為昨天傷神苦惱

「我一定要將那個渣男千刀萬剮，生吞活剝。」晶晶縮在小南的懷裡，邊哭邊狠狠地立下了重誓。

可是還沒等她把渣男怎麼樣，自己就先倒下了。

晶晶和前男友一見鍾情，好的時候如膠似漆，然而就在她自己憧憬著兩人的美好未來時，那男人轉頭勾搭上了別的妹子，只留下一則「妳是個好女孩，是我配不上妳」的分手簡訊。

晶晶悲憤交加，跟閨蜜小南大罵了他三天三夜，信誓旦旦地說自己要過得更好，讓渣男後悔去。

見晶晶這樣，小南心裡很欣慰，她覺得鬧過發洩過後，晶晶就能很快走出來。

然而，事實並非如此。

僅僅正常了一天後，晶晶就陷入了痛苦中，一邊懷念曾經的美好，一邊不斷懷疑自己，變得低沉、頹廢、毫無生氣。

周圍的朋友都說，晶晶好像變了一個人，因為一場戀愛丟掉了曾經的自己。

很多時候，當人們失去一項東西或一個人時，就會透過各種途徑來為它加價，它的美好會被放大，它的缺點會被忽略，這件事物本身的價值可能並不大，甚至在他人看來毫無

價值可言，卻因為「失去」而變得價值連城，進而自然而然地勾起人們的惋惜和悔恨，讓人們不自覺地沉浸在痛苦中。

這是因為，這件事物或者這個人身上，包含了對失去者而言很重要的東西。

就像上面的例子，渣男本身是毫無價值的，但是因為晶晶在他身上付出了情感、付出了自己的青春，他也曾帶給晶晶快樂和甜蜜，所以對於晶晶而言，他就會變得無比重要，當渣男離去時，晶晶就會覺得自己失去了很多很多。

第三章提過，經濟學領域有一個名詞叫做「沉沒成本」，指的是已經失去的、丟掉的有價值的東西，也可指付出的時間、情感等。放在生活中，我們過去所經歷的種種遺憾，其中所包含的不管是付出的心血還是花費的金錢時間，都是沉沒成本。

沉沒成本是一種歷史成本，就像潑出去的水，是不可收回的。當這種成本已經產生時，人們再做什麼補救措施都是無濟於事的。

然而，儘管大多數人都心知肚明，過去的已然消逝，但真正面對失去時，還是會痛苦、悲傷。如此，人們就會陷入過去的漩渦中，被負面情緒左右，做出一個又一個錯誤的決定，從而失去更多。

回望過去，沒有人是圓滿的，毫無遺憾的，如果我們總

第六章　樂觀為底，心平氣和才有持久的自律

是將注意力放在失去的、沒有得到的東西上，必定會一直處於悔恨傷悲當中，這既會影響我們的身心健康，也會打亂現有的生活節奏，讓我們失去對未來的信心和期待。

除卻遺憾，還有一些人會被曾經的成就所牽絆，心裡總是想著以前的自己是多麼風光無限，多麼出凡入勝，進而自高自傲，看不清現在的自己，便會遠離初心，退步不前。

總是抓著過去不放手，又怎麼有精力擁抱明天？當然，這也並不是說我們要把過去的事情全然忘卻。

為了讓好姐妹盡快振作起來，小南找到了老同學阿珂。

和晶晶一樣，阿珂曾經也是一個深受渣男禍害的女孩。還記得，她剛失戀那陣子，也是每天要死要活的，差點把周圍的朋友都折磨崩潰。

而現在的阿珂，美麗、優雅、沉穩，遇事處變不驚，在愛情中也自信豁達。提起那段不堪回首的過去，阿珂絲毫沒有遮掩，反而輕鬆一笑：「你說那個人啊，我還要感謝他呢，是他教會了我如何辨別壞男人，讓我變得勇敢堅強，成就了今天的我。」

將美好的事物永遠留存，從不好的經歷中吸取教訓，懷著包容感恩之心，把好的、不好的都變成生命的養分，成為自己前進的動力，這才是對待過去該有的態度。

一味地為昨日之事傷神，不斷地吹噓過去的榮耀，都只

會在無形中增加更多的「沉沒成本」，對當下的未來的生活毫無益處。

但是想要做到真正放下，也並非易事。有些人可能一瞬間開了竅，也有些人可能一輩子都在掙扎。

在這裡，跟大家推薦兩種心理學中應對內心執念的方法——空椅對話和雙椅對話。這兩種方法常被用於心理諮商中，藉助於此，諮商者可以更全面客觀地認識身邊所發生的事件，更好地釋放情感，從而緩解內在衝突。加拿大心理學家格林伯格提出的情緒焦點療法正是以這兩種方法為核心的。

空椅對話，簡單來說，就是在自己對面放上一把椅子，想像那個自己放不下的人正坐在那裡，然後將內心的情感向他傾訴。之後自己再坐在對面的椅子上，把自己想像成那個重要的人，對於剛剛自己表達的想法做出回應。

空椅對話可幫助人們緩解抒發因為生活中重要的人或事而產生的不良情緒。對此，格林伯格說過這樣一個例子，有一位來訪者小時候他的父親忘記了參加他的生日派對，他等了很久都沒有等來爸爸，同樣的情形又出現在他的婚禮上，這讓他產生了被忽略、被拋棄的感覺，並因此傷心憤怒，一度無法釋懷。了解上述情況後，格林伯格就對這位來訪者使用了空椅對話方式。

第六章 樂觀為底，心平氣和才有持久的自律

實際上，空椅對話就是一種角色轉換，使得人們可以站在對立的角度重新審視問題，跳出自己的固有認知。

不同於空椅對話，雙椅對話解決的主要是人自身內部的矛盾。

生活中，人們不免會有自我懷疑、自我否定、自我怨恨的時候，比如遇到了困難、失敗、沒有將事情辦好時，我們就會產生「我太糟糕了」、「我真是太笨了」的想法，在心裡不停地評判自己，這種感受會持續留在體內，促使我們一遍又一遍地回想已經發生的事情。

這種情況，就可以運用「雙椅」療法。放置兩張椅子，一張代表本我，另一張代表批判自我的小人。剛開始，自己充當「小人」的角色，向代表本我的椅子說出各種批判性的語言，如「你真是一無是處」、「你真是個不孝順的孩子」等，而後坐回代表自我的椅子上，針對之前的批判言論，表達自己的感受如「我的確很糟糕」以及自我保護如「但是，我只要再努力一些，就會更好」。

雙椅對話相當於塑造了一個穿越式的場景，讓人們可以跟曾經的自己、內在的自己進行對話，從而解開自我誤會，放下執念。

放下過去的故事，才能為新的故事騰出空間，希望你能將心緒有序，自此揚鞭，追尋更加美好的未來。

忍一忍，緩一緩，重新找回自己的節奏

相比於「持續性墮落」，多數人更習慣於「間接性頹廢」。

自從接手現在的工作後，米東就沒有輕鬆過一天，最近他真的感覺有些吃不消了。

想到自己本身身體就不是很健壯，而且他是真的喜歡這份工作，米東決定開始跑步，改善身體狀況，以更好地適應工作節奏。

首先，米東替自己定了一個目標，每天早上至少跑30分鐘。

剛開始，米東很有幹勁，幾乎每天都能以很快的速度跑完30分鐘，公里數在5,000公尺以上，且每次跑完都感覺十分舒服，也很有成就感。

這樣的狀態維持了半個月，之後，米東就開始變得疲倦、厭煩起來，每次出門都拖拖拉拉，跑步的速度也越來越慢，公里數也越來越短。

此時的跑步對於米東來說已經成為一種折磨，最初的成就感早就消失得無影無蹤，剩下的只有枯燥乏味，很快，米東就又恢復了以往睡懶覺、玩手機的狀態，但是內心在為自己的「沒有毅力」、「再次墮落」痛苦著。

我想，米東最後的感受，大家都不會陌生。

一次次地滿懷熱忱地宣稱自己要怎樣怎樣，幹一番大事

第六章 樂觀為底，心平氣和才有持久的自律

業，又一次次地轉身就忘記曾經的信誓旦旦，回歸到鹹魚生活。

這一起、一放之間，不過一個月、兩個星期，甚至四五天。

毋庸置疑，大多數人都是有上進心的，都是不甘墮落的，也是因此，自律才會成為大家極其關注的一個話題，一種想要達成的狀態。

但是，每當我們要開展一項有意義的事情，培養一個好習慣的時候，總是堅持不了多久，就又回到了之前的消沉，然後再信心十足地開始，再放棄，如此周而復始，時間浪費了很多，事情卻沒辦成多少。

這是為什麼呢？我們為什麼總是會陷入「間歇性墮落」的循環中呢？

以米東跑步為例來分析，剛開始，他懷著「能讓身體更強健」的願景以及一種對未發生事件的好奇，有著十足的幹勁，這促使他很好地完成了初始目標任務，並因此獲得了成就感。

但是願景激勵、新鮮感以及成就感的作用強度是拋物線狀的，在某時刻達到制高點後，就開始下降直至歸零。

因此，在堅持了半個月後，米東沒有了之前的熱忱，能感受到的只有跑步帶來的肉體勞累以及精神枯燥，放棄也是意料之中的。

忍一忍,緩一緩,重新找回自己的節奏

實際上,米東最初昂揚的狀態並不是真實的,換言之,平常生活中的他不可能持續處於一種亢奮的狀態中。也就是說,他最開始在 30 分鐘以內跑完 5 公里的目標,是超出他本身平均水準的。

這樣導致的結果就是,他剛開始可以快速地跑完 30 分鐘,到後來就越來越慢,最後變成了散步一樣的速度,應付了事。

當一個人用一個超出自己平均水準的目標要求自己時,最初的熱忱一旦消退,剩下的就只會是被迫硬撐,結果就是對所進行的事情越來越抗拒,最後自然就會放棄。這就是節奏的缺失。

用一句話概括,當你想要堅持的事情不符合你的整個人生的平均節奏時,儘管前半段會進行得非常順利甚至能超標完成,但到了後半段就會遭受「反噬」,帶上「強迫」的意味,也就很難再堅持下去。

反過來講,如果我們能夠找到自己的平均水準,並一直按照這個節奏走下去,很多事情便會水到渠成。

村上春樹在《關於跑步,我說的其實是……》裡,講到寫作時給自己的規定:

> 每天寫 10 頁,即使心裡還想繼續寫下去,也照樣在 10 頁左右打住;哪怕覺得今天提不起勁來,也要鼓足精神寫滿 10 頁。

第六章　樂觀為底，心平氣和才有持久的自律

村上春樹之所以能保持很高的創作效率，持續輸出寫作，就在於他掌握住了自己的輸出節奏。

可見，當你將一件事情切合著自己的節奏進行時，無須「咬牙切齒」，也不用廢寢忘食，要在一種很舒服的狀態下達到自己想要的結果。

很多人減肥，突然間開始節食，不僅不會長期保持苗條，反而會有反彈的危險；一些人非常刻苦地學習一段時間後，就會出現厭學心理，開始放縱自己；有的人拚了命地工作，最後身體支撐不住，賺的錢都用來拯救健康了。

這些，其實都是因為沒有掌控好自身的節奏。

那麼，怎樣才能避免上述情況的發生呢？總結來看，要注意以下三點：

◆ 第一，要緩，避免超水準發揮

誤把狀態最好的結果，當成每次必達的目標，讓自己超負荷持續努力，是我們很多人在做一件事時，最容易犯下的錯誤。

人們最開始做一件事情時，往往在情緒情感的加持下，會處於一種極佳狀態，這種情況下，人們很輕易就會超常發揮，並會下意識地將超常發揮的結果當成普遍的目標來要求自己，這就會導致一段時間的用力過度，最終使自己陷入超負荷的狀態。

◆ 第二,要趕,堅持達到平均水準

即使目標合理,人們也會有懈怠、偷懶的時候,但要想養成一個習慣,達成自律,就要戰勝這種消極,鼓足精神讓自己在規定的時間完成該做的事情。

◆ 第三,要停,適當停下來調整

儘管有時候我們計劃得天衣無縫,但是真正實施起來不一定都能控制好,很可能過一段時間節奏就會被打亂,所以,要適當地停下來,做一下總結,做一些調整。

所謂的緩和趕,其實就是間歇地放鬆和緊張,就像一根皮筋,如果一直處於緊繃的狀態,很快就會斷開,但如果一直放著不用,就很容易會老化。唯有繃緊和鬆弛交加,有的放矢,才能持久保持良好的狀態。

如果你也陷入了「間接性墮落」的死循環,並為此非常痛苦煩惱,別著急,緩一緩,找一找自己的節奏,再重新開始。

第六章　樂觀為底，心平氣和才有持久的自律

別太在意別人說什麼，
要多看自己做到了什麼

　　一大早，蘭蘭就愁眉苦臉的。

　　「怎麼了？妳欠別人錢了還是別人欠妳錢了？」倩文見狀笑著調侃道。

　　「唉，別提了，還不是昨天晚上那個所謂的閨蜜聚會鬧的。」蘭蘭氣呼呼地說道。

　　蘭蘭所說的閨蜜聚會，倩文倒是聽她提起過，蘭蘭的幾個國小、國中同學，都在這座城市上班，她們就在LINE建立了一個群組，每天聊聊天發發牢騷，漸漸地關係也就近了起來。前不久，其中一個同學說大家也很久沒有見面了，反正離得也不遠，不如抽個時間出來聚一聚，將感情升溫一下。大家都表示贊同。

　　「妳們不是聊得不錯嗎？怎麼聚會這麼不開心呢？」倩文問。

　　「說是閨蜜，也是最近才熟絡起來的，大家在網路上一般都展現出來自己最積極的一面，比如我不是一直在運動減肥嗎？我就每天跟她們分享自己減肥的心得，她們也都很讚賞我。誰知昨天晚上，她們一看見我，就開始笑，然後說『這麼長時間不見，妳都變這麼圓潤了，不過妳不是在減肥嗎？怎麼一點效果都沒有啊？枉費我們天天鼓勵妳了』。一整晚，

她們時不時地就用這件事嘲笑我,真是氣死我了!」蘭蘭越說越氣,「啪」的一聲把手拍在了桌子上。

「妳跟她們計較什麼呢,真沒必要。我幫妳分析分析,妳就不氣了。」倩文搬了把椅子坐到了蘭蘭旁邊,「她們怎麼想、怎麼說,是她們自己的事,妳得看妳自己,妳自己想想,自從開始運動妳有沒有變化、有沒有收穫?」

「自從開始規律性地鍛鍊後,我雖然體重變化不太大,但是皮膚狀態好了不少,睡眠品質好了,還養成了運動後看書的習慣,整個人精神也好了很多。」蘭蘭興奮地說道。

「就是嘛,別光聽別人說什麼,也看看自己做到了什麼。現在,妳還生氣嗎?」

蘭蘭笑盈盈地搖了搖頭。

「太在意別人說什麼」是當下很多人的通病。

今天穿上了新買的衣服,感覺自己美美的,結果因為別人一句「顯胖」,心情一下子跌到了谷底;公車上,隱約聽見身後的幾個人在議論誰的相貌,總覺得好像是在說自己;吃飯時被同事調侃「食量大」,此後再一起吃飯,就不敢吃太多⋯⋯

太過在意別人的看法,心情總像坐雲霄飛車,前一秒還因為一個人的誇讚興奮不已,後一秒就因為一個人的批評陷入了悲傷。每每回想起來,還會過度地反思和批判自己——就是我太胖了,所以他們才會開這樣的玩笑;一定是我做了

什麼不雅的舉動，後面的人才會發出笑聲；一定是我做得太差了，主管才會露出那樣的表情。

在這樣起伏不定、以負面居多的情緒中，什麼事情都無法集中精力去做，白白浪費了諸多大好時光，也讓自己在不知不覺中戴上了面具，不敢穿有個性的衣服，不敢表達自己的真實想法，不敢吃太多東西，瞻前顧後，猶猶豫豫，每天生活在別人的嘴裡。

將別人的話一股腦兒地全收進來背在身上，累不說，還容易讓自己走偏方向。

怎樣才能擺脫這樣的狀態呢？

對於帶有明顯情感傾向的事情，不要細想，點到為止。就像別人對你的評價，不管是好的還是壞的，請讓它對你的影響停留在發生的那一瞬間，過後就不要再去細細回憶，如果發現了自己有這樣的苗頭，馬上轉換思路，開始做別的事情。

不要停止閱讀和學習，在提升自己的過程中，還要定期「總結自評」，就像例子中的蘭蘭一樣，想一想自己做的事情讓自己獲得了什麼，必要的時候可以以週記、月總結的形式寫下來，耳朵可以聽別人說什麼，但眼睛要看到自己做到了什麼。

安靜下來仔細想想，你在意別人說什麼，在意的無非是

別太在意別人說什麼，要多看自己做到了什麼

別人對你有什麼看法，歸根結柢，關注點還是在自己身上，換句話說，如果別人說跟你無關的話，你還會在意嗎？

所以，過於在意他人的評價，實際上就是過度在乎自己，太把自己當回事了。

換了個新髮型，走在路上神清氣爽，感覺全世界都在注意我。大街上一個帥哥回頭看了我一眼還笑了一下，他該不是對我有意思吧？

大庭廣眾下摔了一跤，真是太丟人了，一整個星期想起這件事來，都覺得羞愧。

其實，真的沒有那麼多人在意你，一切不過是自己的臆想。大家都很忙，沒有精力在你身上浪費時間。

你不信？反過來問問你自己，如果上述情況是別人身上發生的，恰巧被你碰到了，你會記得多長時間？

大概，就在發生的那一瞬間會注意到，再深刻一點的，跟朋友分享一下，但也就到此為止了。

不管是出糗還是巔峰時刻，真正記得並念念不忘的只有你自己。你幻想有聚光燈，可是臺下並無觀眾。

一個人過度在乎自己，往往就是因為自身缺失的東西太多，害怕自己所不自信、不曾擁有的方面，被人議論，被人嘲笑。那麼，根本的解決方法自然就是填補這些漏洞，這就離不開學習、提升。

第六章　樂觀為底，心平氣和才有持久的自律

但是，就算我們學習了、進步了，變得更優秀了，總會有更厲害的人，我們還是一樣有不足的地方，這些地方還是會被議論。說到底，你不可能獨立存在，只要你的身邊有別的人，你就會被各式各樣的評價環繞。

你不能決定別人說什麼樣的話，但你可以決定自己做什麼樣的事情。把對自己弱勢的自卑式在乎，轉換成改變這種弱勢的動力，專注於提升自己。

你要做的就是花一天的時間去聽他人的意見，反思自己的不足，然後用一百天的時間，專注於尋找和實踐彌補這些不足的方法。

找到適合自己的提升方式，默默地堅定不移地執行下去，用顯而易見的改變和亮眼的成果，驚豔所有人，包括那些曾經惡意詆毀你的人。

第七章
讓自律融入日常，成為你的生活標籤

第七章　讓自律融入日常，成為你的生活標籤

管別人很容易，管自己卻很難

在朋友們的心中，菁菁是個不折不扣的「管家婆」。

小 A 喜歡睡懶覺，菁菁有事沒事就提人家是個大懶蟲。小 B 喜歡追星，菁菁嘴巴一撇：「妳都幾歲了，做點正經事吧。」小 C 對甜食毫無抵抗力，菁菁看到她就開始嘮叨：「容易變胖不說，糖尿病、高血糖⋯⋯這些都不是開玩笑的。」小 D 最愛打遊戲，菁菁又苦口婆心：「又傷眼睛，又消磨意志，真是虛度光陰啊。」

菁菁這麼愛管別人，她自己定是一個生活健康、自律自強、積極向上的人吧？雖然她也很想做到這樣，但事實遠非如此。

追劇追到凌晨兩三點是常有的事，沒事就來杯奶茶續命，一日三餐從來不準時，每次說要看書學習，兩秒後就被手機勾走了注意力⋯⋯總之，愛管別人的菁菁，其實一點也管不好自己。

現實中，像菁菁這樣的人，不計其數。

出於對親近之人的關心和愛，在他們有不健康、不得當的行為時，我們總會忍不住說上幾句，讓他們更正。就算是不熟悉的人、陌生人，在他們舉止不合乎情理的情況下，有時候本著打抱不平甚至是「為人好」的心思，我們也會「多管閒事」。然而，到了自己身上，我們似乎都變成了徹頭徹尾的

「睜眼瞎子」，明明看到了所有的問題，也或多或少地知道一些方法，但就是難以付諸實踐。

一種錯誤，一而再，再而三地重複；總是找藉口為自己的不準時、不堅定、不專注開脫；永遠用「嘴巴」改變自己，很少付出行動⋯⋯

誰不想變成自己理想中的那個自己？卻總是有這樣那樣的阻礙橫亙在面前，讓我們不得不哀呼：「為什麼掌控自己的人生這麼難？」

有一個經典的心理學故事，講述的是一個名叫盧卡斯的少年如何從不思進取、混日子變得極度自律、有所作為的。

盧卡斯生活在一個貧苦的單親家庭，內心對金錢、富裕生活的渴望和現實的巨大生活壓力碰撞在一起，促使他變得十分消沉，不思進取。

直到身為家庭支柱的媽媽生病住院，最終離世，盧卡斯的身分發生了變化，他既要照顧自己，也要照顧年幼的妹妹。

為了生存下去，盧卡斯找了一份清潔工的工作，除此之外，只要遇到能賺錢的機會，他都不會放過。

漸漸地，盧卡斯習慣了清潔工的節奏，就想著不能總是貪圖省事讓妹妹吃垃圾食品，於是他開始學著幫妹妹做飯。

不久後，盧卡斯開學了。

他將工作從全職換成了兼職，為了撐起這個家，他讀書

第七章　讓自律融入日常，成為你的生活標籤

也刻苦起來。就這樣，盧卡斯一邊賺錢養家，一邊努力讀書，最終以優異的成績畢業，找到了一份好工作，還把妹妹也送進了大學。

從這個故事中，我們不難發現，促使盧卡斯發生改變的就是那場巨大的家庭變故。媽媽死後，盧卡斯自己不僅沒有了依靠，甚至還成了妹妹的依靠，他無路可走，只能讓自己強大起來。

盧卡斯所處的絕境激發了他對生存的強烈渴望，因此他獲得了一股強大的足以改變自我的力量。

這一點，也解釋了為什麼現實中的我們很難去改變自己，去管住自己。

比如有人說，我太想賺錢了，願望非常強烈，但為什麼我還是無法管住自己，朝著這個方向努力呢？就是因為你根本沒有達到「山窮水盡」的境地，你雖然沒有很多錢，但生活過得去，你雖然不是大富大貴，但並不愁吃穿，所以你所謂的願望強烈，其實是一種假象，並沒有真正地給予你力量。

所以，在你打算改變自己、管控自己之前，首先就要找到一個能讓自己充滿力量、鬥志、信念的理由。

這個理由，或者說很多時候真正能迸發出一股強大力量的是「絕境」，就像例子中的盧卡斯一樣，當你退無可退、無所依靠的時候，要麼完全頹廢，要麼極度強大。但是現實

中,不可能人人都會遇到絕境,也不能光等著絕境來臨才開始行動,況且,有些人並不能從絕境中獲得力量,反而會被壓垮。

那該怎麼辦呢?

想明白自己到底想要什麼,想成為什麼,在心裡問一問:我為什麼要改變?改變對我有什麼好處?不改變的後果是什麼?我能不能接受?

明白了這點,再找一些相關方面的成功事例和警示案例,進一步對自己進行「刺激」,增強意願程度。

我們不妨來回想一下,你心甘情願做一些事情的時候,是處於什麼樣的情景。或許是為了愛的人,或許源於深刻的喜歡,或許有巨大的好處,總之,有引起你強烈意願的因素做支撐。

拿破崙曾經說過:「自覺自願是一種極為難得的美德,它能驅使一個人在不被吩咐應該做什麼事之前,就能主動地去做應該做的事。」

想要管住自己,就要打心底裡願意做這件事,光憑嘴說,是毫無作用的。「願意」,這個詞看起來簡單,聽起來也沒什麼特別的意思,但其實很難做到,它不僅代表「去做」,更意味著「做」之後要承受的種種困難和挑戰。

然後,從自己感興趣的、認為最重要的事情入手,不要

第七章 讓自律融入日常，成為你的生活標籤

貪多，先專注於一件事情，當這件事情成為習慣後，再著手於其他。

人對一件事情重要程度的認知對人的自律性有著重要影響，換言之，你能對一件事情堅持多長時間，源於你所認為的它的重要程度。

通常，人們在進行決策時，會根據自己的偏好來行動。舉個例子，晚上睡覺前，你有兩個選擇，一是看一會兒書，二是看綜藝節目，你會選擇哪種？不出意外，即使你選擇了看書，不出 5 分鐘就又會忍不住誘惑打開手機。

在沒有一個選擇（自己認為）非常重要的情況下，人做決定的依據往往是哪個可以讓自己覺得更爽。

所以，一定要將一件重要的事作為你改變自己的開端，這樣才能將大部分「誘惑過濾掉」，堅持下去也會輕鬆一些。

「萬事起頭難」，管自己也是如此，但是，只要找到了突破口，你就會發現，其實也沒有自己想像得那麼複雜。

自律習慣要「內修外養」

最近,亞楠的身邊多了一對「難兄難弟」。

阿康和阿紳兩個人看了一部勵志電影後,就開始吵著鬧著要自律,一副信誓旦旦的樣子,大有做不到死也不罷休的氣勢。

口號是夠響亮,可是,剛開始付諸實踐,兄弟倆就不約而同遇到了攔路虎。

阿康體質本來就弱,一開始他又盲目地對自己下了狠手,身體受不了,接二連三地生病,計畫也就被擱置了。

阿紳體格倒是沒什麼問題,但就是太容易受到外界影響,讀書時別人一有動靜,他就一個字都看不下去,還總是眼饞別人做的事情,將自律的項目一再更換,最終也沒什麼收穫。

兄弟倆向亞楠抱怨了一通,委屈的樣子好像是誰故意刁難他們似的。

「兩個大男人哭哭啼啼的像什麼樣子,」亞楠沒好氣地瞥了他們一眼,「別以為自律就是做幾件自己認為有意義的事情那麼簡單,它可是需要內修外養的長久過程。」

「內修外養?」兄弟倆滿臉疑惑地看向亞楠。

內修,即修心,靜心寬心。

諸葛亮有言:「非淡泊無以明志,非寧靜無以致遠。」所

第七章　讓自律融入日常，成為你的生活標籤

謂「寧靜」並非指外部的沉默，而是內心的平和。

只有內心平和坦然，不以物喜，不以己悲，才能抵擋得住萬千誘惑，禁得住種種干擾，最終達成遠大的目標。

自律的養成雖然算不得什麼宏偉的志向，但的確是一個長期的需要平穩心態的過程。

自律習慣養成難，最難在管心。

相傳，很久以前有位書生突然對佛教有了興趣，就決定去寺廟學經念佛。剛開始，寺廟的住持讓書生學習入定，書生本以為很簡單，然而每次當他入定不久後，就會感覺到有一隻「大蜘蛛」出來騷擾自己，讓自己無法平心靜氣。

多次嘗試無果後，書生只好去請教住持。住持告訴他，下次再入定時拿一支筆在手裡，等「大蜘蛛」出來的時候，就在牠肚皮上畫一個圈，看看到底是何方怪物。

書生依囑行事，就在「大蜘蛛」剛出來的瞬間就憑著感覺快速在牠肚子上畫了個圈，剛一畫好，「大蜘蛛」就不見了。除去了外界的干擾，書生很快入定成功。

出定時，書生伸了伸懶腰，卻看見他畫在「大蜘蛛」肚子上的印記赫然出現在自己肚臍周圍。這時，書生才明白，原來那隻擾亂自己的「大蜘蛛」根本不是來自外界，而是源於自己的內心。

生活中的我們雖不必像書生一樣入定，但每個人心中都有一隻「大蜘蛛」，在你稍有不堅定的跡象時，它就會出來擾

自律習慣要「內修外養」

繞在你的身邊,擾亂你的身心。

不管是一點就著的火爆脾氣,還是一牽就走的注意力,或者是動不動就放棄的決心,本質都是源於內心不夠平和。

宋代禪宗大師青原行思,提出了人生的三重境界:一重看山是山,看水是水;二重看山不是山,看水不是水;三重看山仍是山,看水仍是水。

三種境界,盡在於心的變化。當你看山仍是山,看水仍是水時,就代表你已經可以擺脫種種干擾和限制,透過事物的表象看到其本質,擁有包容萬物的氣量,也就達到了真正平心靜氣的境界。這時的你,不會再輕易被他人影響,也不會朝三暮四,心猿意馬,更不會隨便放棄自己的決定。

當然,要達到這樣的境界也並非一日之功,換言之,修心的過程,也是自律的一種呈現。

修心,沒有捷徑,讀書是不二法門,所謂「腹有詩書氣自華」,讀書在豐富學識的同時,也能昇華一個人的氣質,陶冶一個人的情操。但是光讀也是無用,還要將書中的內容真正轉換為自己的東西,因此,讀完一本書後,寫一篇心得是再好不過的了。

學習之外,也要注意自己的言行舉止,盡可能地保持情緒平穩,以溫和的態度待人接物,不要隨便疾言厲色,也不要常常委曲求全,學會合理表達情緒,控制情緒。

第七章　讓自律融入日常，成為你的生活標籤

　　經常一個人到安靜的地方走一走，投入大自然的懷抱，將身心在塵世間的負擔卸下，回歸本真。

　　外養，即養身，強健體魄。

　　有人說，現在大多數人的生活狀態是「前半輩子用身體賺錢，後半輩子用錢買健康」。用透支健康的方式，去滿足自己的物質欲望，是否值得？這個問題，不同的人有不同的見地，但毋庸置疑的是，健康的身體是一切的本錢，沒有健康的身體，不管你的計畫多完美，信心多充足，暢想多精采，都將是徒勞，這也是為什麼自律的人都會特別注意鍛鍊身體。

　　從健康合理的生活作息開始，依據實際情況，將身體的鍛鍊與自律相結合。比如先從不熬夜開始，逐漸養成早睡早起的好習慣，接著再從規律性地鍛鍊以及飲食搭配入手，進一步鞏固身體健康。當這些事項你都能自然而然地去做時，你就會在身體健康以外獲得更多的空閒時間，當你能夠將這些空閒時間給予合理的分配，利用它們去做越來越多有意義的事情的時候，就是真正達成自律的時候。

　　內心平和，身體強健，既是達成自律的前提，也是達成自律的結果，換言之，自律習慣的養成，根本上來講，也就是修心養身的過程。

認清自己，這很重要

　　泰戈爾說，世界上最容易的事情是指責別人，最難的是認識自己。然而，就是這件最難的事情，對每個人而言又極其重要。

　　公司來了幾位新同事，其中有一個叫做張遠洋的，剛入職幾天就給我們留下了很深刻的印象。

　　他總是活力滿滿，跟所有人快速打成了一片；他也很愛學習，幾乎跟每一位同事都請教過問題；有時候，事情做得不好被罵了，他認真聽完建議修改完之後，情緒馬上就會恢復過來，不會因為被罵而耿耿於懷⋯⋯

　　對此，跟張遠洋一起來的那幾位新同事都很羨慕，同時也非常好奇。

　　一天，一位女同事忍不住問了他：「張遠洋，你為什麼能這麼自信、樂觀呢？感覺你做什麼事情都很有幹勁，真是羨慕呢！」

　　張遠洋神祕一笑：「其實，很簡單，我只不過是知道我是誰。」

　　女同事聽了，一頭霧水。

　　例子中的張遠洋所謂「我只不過是知道我是誰」，表達的意思就是，他對自己有著清楚的認知。

第七章　讓自律融入日常，成為你的生活標籤

這樣的人，知道自己所具有的優勢和劣勢，因而也就知道努力的方向，被責備了也不會妄自菲薄，他更知道自己想要的是什麼，他所做的每件事都是在為他的夢想鋪路，所以總是充滿幹勁，他勇於挑戰和付出，也勇於承擔責任。

這種自我認識，從根本上來講，就是自我認同。

自我認同指個人對自我的洞察和理解，個體以理性的態度去看待並接受自我，是由美國著名心理學家艾瑞克森最先提出的一個概念，也被稱為「自我同一性」。

在艾瑞克森的八階段理論中，自我認同被認為是一項非常重要的人生任務。自我認同的形成是個體理性評價自己、看待世界並做出諸多人生選擇的基礎。

自我認同感高者如張遠洋一般，對自己有著清楚的認知，勇於追求自我，堅持自我，會接受外界的聲音但不會被他人左右，不會扭扭捏捏、畏畏縮縮。自我認同感低者，對自己缺乏認知，很容易受到外界影響，常被他人的評價左右，往往敏感自卑，做事瞻前顧後。

簡單來說，自我認同感高的人，比較果斷，容易形成自律；自我認同感低的人，顧慮太多，更容易拖延。

自我認同的標準可以分為三部分：

- 自己是一個什麼樣的人（優缺點、三觀、能力等）；
- 自己將要去向何芳（目標、夢想、規劃等）；

- 自己與社會的關係（人際、地位、所處的環境等）。

對以上三方面以及之間的關係形成了相對穩定且連續的認知，就可以說達到了認清自我的程度。

那麼，如何做到這樣呢？

◆ 勇於嘗試，勇於選擇

人的一生是在不斷選擇中前進的，大到升學、工作、事業、婚姻，小到吃飯、穿衣、娛樂，也正是透過這一次次選擇以及之後的收穫和失去，人才逐漸地認識自己，進而獲得一種自我認知。

一個人的選擇，不論大小，都能在一定程度上反映著他的個人特點、喜好、觀念甚至某一階段的欲望，是一個展現自我認同的過程。換言之，從你選擇的那一刻，你可以對自己當下的狀態有一個認知。

每一次的選擇都會讓我們對自己更了解一些，所以，該做選擇的時候盡量別逃避，有的時候甚至要替自己創造做更多選擇的機會，比如嘗試跳出舒適圈，嘗試一些新鮮事。

◆ 學會跳出來看待和分析事情

現實中常常會發生這樣的現象，對於同一件事情，不同的人往往有不同的看法，而這不同的看法就反映了人的學識、三觀甚至生活環境。

第七章　讓自律融入日常，成為你的生活標籤

小藝最近有兩個同學，都要換新工作，而且新工作找得也很不順心。兩個人都投了不少履歷，通過的沒幾個，面試的也和自己預期的相去甚遠。

對此，他們兩人都找了小藝大吐苦水。

一個慷慨激昂地說了一通後，將這些糟心的經歷歸咎於運氣，說自己該去廟裡求神拜佛了；另一個則深刻檢討了一番，說今年形勢不好，自己不該那麼衝動，不該裸辭（指在沒有找到下一份工作的情況下就請辭），這樣一不順，心態就崩盤了，下次再換工作一定要考慮周全。

同一件事，兩人的反應截然不同，其中發揮作用的正是他們的世界觀。一個相信佛的存在，並寄希望於拜佛轉運，這和另一位著眼於客觀事實的唯物主義者對世界的認知和理解是截然不同的。

但是，當我們身處事情當中時，很可能意識不到這些，所以，對於很多事情我們都應該有「覆盤」的意識，在其發生之後，再回過頭以客觀的角度多想一想、看一看。

◆ 適當與他人「分化」

一個人，當他過於依賴、過於愛慕一個人或者被他人過於管控、干涉的時候，就很難認清自己。因為他的情緒、他的所作所為、他的認知很多時候都不是源自本心，而是在旁人強烈的影響下產生的。

如果你也處於這種狀態下，想要迅速脫離幾乎是不可能

的，唯一的辦法就是多問一問自己，哪些是自己的真實想法，哪些是別人的要求和期待。

◆ 多對未來做細節性的規劃

你所希望的、想像的未來的生活是什麼樣子的，你對這一天的生活描繪得越細緻、越生動，你就越會知道自己想要的到底是什麼，你在生活各個方面的價值取向和偏好是什麼樣的。而這種了解，反過來又能幫你重新做出今天眼下的種種選擇。

沒有多少人在 30 歲以前是不迷茫的，這是一種普遍的現象，你不必總是回想著過去的碌碌無為以及眼下的一事無成而感到恐慌和焦慮，因為一旦陷入這樣的情緒中，你將迎來的不是蛻變，而是惡性循環。

回望過去，每個人都會有遺憾，但請別把收穫忽略掉，你現在要做的不是對曾經那些可以做到但沒有做到的事情耿耿於懷，而是要總結過去，認清自己，然後向前看，爭取把未來那些自己可以做好的事情做得更好。

就像英國作家王爾德所說，當你正值青春年少，就用心去感受它的美好，不要虛度你的黃金時代，不要將之付諸枯燥乏味，但如果你沒有很好地做到，也不要設法挽留無望的失敗，不要沉迷於虛假的理想，你要做的就是把內在的生命活出來，別錯過每一個絢爛的瞬間。

第七章 讓自律融入日常，成為你的生活標籤

不要為了省錢而省錢

「『雙11』，你們都買什麼了？」一進門，清子就迫不及待地問道。

「哎呀，我跟妳們說，我終於將在購物車裡躺了大半年的口紅買了，不過為了湊夠滿額減免數額，我可是熬到了半夜。」倩倩一邊說話，一邊還打了個哈欠。

「別提這個了，我本來只想買一件大衣，結果那誘人的滿額減免硬是讓我又加購了一大堆，為了選這些東西，我何止熬了一夜啊！」一旁的佳寧也說道，精神比倩倩還差，好像隨時都能睡著。

「其實，我也差不多，這幾天就光顧著選要買的東西了，都沒能好好休息，現在回過頭來想想，為了省那點錢，不僅多花了更多，還浪費了好多時間，真是不值得。」清子看著大家疲憊的樣子，不由得說道。

「是呢。」

「沒錯，萬惡的促銷活動。」

……

姐妹們紛紛附和道。

不知道從什麼時候開始，一眾新型「節日」走進並逐漸占據了人們的生活。從「雙11」到各種琳瑯滿目的購物節，這些與線上購物相關的「狂歡節」層出不窮，熱度也一再攀升，

有時候甚至超過了傳統節日在人們生活中的影響。

目前,等待促銷節日湊單買東西已經成為線上購物的普遍現象,為的就是省掉那所謂的幾百塊錢。

「滿 1,000 減 100、滿 2,000 折 500……」當我們有著強烈的購物需求時,這些滿減活動無疑會再度增加我們的購物欲望。於是,為了用更便宜的價格買下自己喜歡的東西,我們就會不假思索地用更多的時間去選擇和加購更多商品,殊不知早已跳進了「陷阱」中。

除去促銷活動的影響,很多「貧民窟」年輕人還會陷入另一種購物惡性循環,即「肯定還有更便宜的」。

佳寧就是這樣一個人,她選購「雙 11」的商品之所以用了比別人多幾倍的時間,就是源於她貪小便宜的心理。

大多數人要買一件衣服時,首先會花一些時間選自己喜歡的款式、顏色,然後結合自身情況考量衣長、衣寬等方面,最後貨比三家,選擇 CP 值最高的那一個。

相較而言,佳寧選擇的過程要漫長得多,尤其是在貨比三家這一環節。

她總是想要找到同款式、同品質中最便宜的那一個,翻到一個便宜的,就會覺得肯定還會有更便宜的,於是為了省那幾十塊錢甚至有時候僅僅是零頭,她會一次又一次地打開購物網站,一次又一次地搜尋對比,一次又一次地討價還價,直到最終以一個自認為很低廉的價格買下。

所以,她每次買衣服都會花費大量的時間。

第七章　讓自律融入日常，成為你的生活標籤

當我們處於當時的場景中時，購得青睞物品以及自以為物超所值的感覺會牢牢地把控住我們的內心和思想，讓我們非常享受其中，無法作理性的思考。

然而，當我們從這樣的場景中跳脫出來，冷靜下來回想時，就會發現這樣做其實根本不值得。

不僅僅是線上購物，在很多事情上，人們都會陷入這種「為了省錢而省錢」的循環惡性循環中。

你是否曾在叫外送時不停地對比同類型的店鋪哪個更划算？你是否會因為花錢買了電影票而坐下來忍受著看爛片的煎熬？你是否害怕花太多車費而選擇在大冷天等待遲遲不來的公車……

我想，大多數人都有過這樣的經歷，面對省錢，人們似乎可以忍受很多生理上的不快，並從內心深處覺得這是十分值得的。

但是，當我們從另一個角度去看待這些事情時，就會發現並不是這麼回事。

對比了幾家店鋪，你可能會省下好幾塊錢買到同類型的飯菜，但是你也會因此耽誤至少 5 分鐘的時間。坐下來看完整部你並不喜歡的電影，看似沒浪費票錢，但那糟糕的觀影體驗和感受反而加重了你的損失。搭乘公車的你的確用了更少的車費，但也因此浪費掉了大量的時間去等

待，還有可能感冒⋯⋯

當然，我們並不是排斥和反對省錢。節儉是一種美德，但是節儉也應該有分寸、有考量。

郭京飛和迪麗熱巴主演的電影《21克拉》中，男主角就是一個省錢成魔的人，名叫王繼偉。

王繼偉為了省錢，他會偷公司的電幫自己的車子充電，會將公廁裡面的衛生紙拿回家裡，還會拿著礦泉水瓶從女友的公司提水；為了省錢，他可以將一張紙巾撕成好幾片用，即使凍死在曳引機上也要搭便車⋯⋯

這樣的節儉的確讓王繼偉省下了不少錢，但與此同時，他也因此一次又一次地陷入麻煩、尷尬中，不被人理解、頻繁吃閉門羹甚至差點丟掉性命。

總之，過度的節儉並沒有為王繼偉帶來美好的生活，反而讓他的人生變得一塌糊塗。

像王繼偉這樣的人，現實中也有很多。為了省錢而省錢，很多時候看似達到了目的，仔細思索起來反而得不償失，不僅會讓我們損失很多意想不到的東西，還會浪費寶貴的時間。

從某個角度來看，為了省錢而省錢，其實是一種「鼠目寸光」和「難以抵制誘惑」的表現，為了眼前的那一點點利益，而不惜投入大量的成本還沾沾自喜，如此累計，最後的損失將無法計量。

第七章　讓自律融入日常，成為你的生活標籤

在一定的限度內，該省的錢我們絕不能浪費，但是超過了這個限度，就不要再強求，永遠不要糾結於一點利益，永遠不要為不屬於自己的東西哭泣。

簡單工作也要做到極致

「沒有小角色，只有小演員。」這是在中國《演員請就位》的舞臺上，臺灣藝人明道的經典名句。

這個曾經以「霸道總裁」形象成為無數女孩夢想中的白馬王子、紅遍全國的偶像劇男主角，站在聚光燈下，臉上帶著苦澀的笑容，眼睛裡泛著淚光，帶著些許哽咽說道：「這是我今年來拍的第一場戲，我已經很久沒有拍過戲了。前陣子我跟一個朋友喝酒，他拉著我的手淡淡地跟我說：『明道，我覺得你可能這輩子都沒有辦法再演男一號了。』」

在《演員請就位》的舞臺上，明道就提前進入了這種模式，每一場戲，幾乎都是邊緣性角色，戲份少，發揮空間小。

但，那又怎麼樣呢？他依然憑藉自己的努力，為人們呈現出了更多不一樣的但同樣精采的自己。

面對「不演男主角有什麼感受」這個問題，明道說：「其實，我分不清什麼叫不是男一的戲，劇本上寫了我名字的角色，他說了什麼話、有什麼動作，對於我來說，這就是男一的戲份，我會用我能夠想到的最好方式去詮釋他。」

「沒有小角色，只有小演員」，不管戲份多少，哪怕只是一個眼神，不管劇情多平淡，哪怕僅有一點發揮空間，但只要你抓住了這一點，將它做到極致，你就能捕獲觀眾的目光，這一刻，你就是獨一無二的主角。

第七章　讓自律融入日常，成為你的生活標籤

演戲如此，生活也是一樣。

在生活的大舞臺上，絕大多數人都是默默無聞的小角色，從事的也都是簡單的、平凡的工作。為此，很多人變得麻木懈怠、得過且過，但其實，只有從小事做起，將簡單的事情做到極致，你才更有可能蛻變為主角，即使不為他人所知，也能掌握自己的命運。

就像香港電影《無雙》裡的那句臺詞：

這個世界上，100萬人裡才有一個主角，而這個主角必定是把事情做到了極致的人。

不論大小，不論簡單還是複雜，踏踏實實地將手中的工作做好，漸漸地你就會獲得旁人所不能體會的感悟，這種感悟會激發你產生更與眾不同的想法，掌握更獨特的技巧，如此熟能生巧，慢慢地你就會成為這一領域的高手。屆時，不管是名望還是財富，都會紛至沓來。

前不久，看到國外這樣一則事例：一位年僅24歲的女孩，憑藉一門「撕紙」手藝，年收入高達新臺幣600多萬元。

女孩名叫小翟（化名），出生於撕紙世家。

從4歲開始，小翟就開始練習撕紙。別的孩子玩時，她在撕紙；別的孩子看電視時，她還在撕紙；別的孩子吃好吃的時，她仍在撕紙。

日復一日，年復一年，春去秋來，十幾年的光陰轉瞬即

逝，小丫頭長成了亭亭玉立的女子，不變的是每天雷打不動的十幾個小時的撕紙練習。

如今，研究所畢業的她，依靠精湛的撕紙技藝走上了創業之路，早早實現了經濟獨立。

例子中的女孩正是透過將一件簡單的事情做到極致獲得了豐厚的報酬，不僅得到了鉅額的財富收益，還贏得了美名。

當然，將簡單的工作做到極致，也並不是一件容易的事情，其所需要的耐心、細心、意志力、毅力等，不是所有人都能夠達到的。

就像小翟，為了練習撕紙，她的手指腫痛、布滿裂痕，曾經還一度手痛到連洗手都無法完成，即便是這樣，她也堅持了14年，其中的痛苦可想而知。

同撕紙一樣，一些工作看似簡單，其實包含著很多考驗人意志力的因素，挑戰著人的生理極限。還有一些工作雖然不會引發人生理上的痛苦，但是枯燥、煩瑣，一點一點消磨著人的精神。

但是，只要你越過那所謂的極限，就會開始享受的旅程，即使再苦再累，你的內心也是愉悅的、幸福的，這時候，你已經不再覺得做這樣的工作是一件煎熬的事情，距離真正「成神」也已經不再遙遠。

第七章　讓自律融入日常，成為你的生活標籤

將一件簡單的事做到極致，到最終的收穫滿滿，你的每一次用心付出，都在回饋著，只不過這時的回饋太少，你很難察覺得到，直到某一天，它累積到了如巨峰之高。

將簡單的事做到極致，本質也是自律的真實寫照，每一個自律的人，其實都不過是在用心經營一大堆小事。

希望每一個人都能擁有堅韌的精神和毅力，將每一件小事都做好，做到極致，最終抱起一棵讓所有人仰望的參天大樹，成為平凡生活中的閃耀主角。

自律的人生可以「每天進步一點點」

　　「從明天開始,我要戒掉零食,早上 6 點起床跑步,每天背 30 個英語單字。」懷裡抱著一大袋洋芋片的桃子,一邊拚命往嘴裡塞洋芋片,一邊信誓旦旦地說道。

　　「妳就算了吧,這句話我都不知道聽了多少遍了,也沒見妳真正做到過,反倒人家小倩一聲不吭地改變了好多。」馮可欣無奈道,而後羨慕地望向了小倩。

　　「是啊,是啊,小倩妳怎麼這麼厲害啊?」馮可欣的話引起了大家的共鳴。

　　「其實我們不是都一樣嗎,我也是最近才『參悟』了那麼一點點,所以有了些改變。」小倩謙虛地說道。

　　「那一點點,是什麼呢?」聞言,馮可欣過來勾住小倩的肩膀,露出一副看好戲的表情。

　　「妳再這樣,我可就揍妳了,」小倩被馮可欣的表情弄得哭笑不得,好一會兒才平復下來,接著說道,「我之前也像桃子一樣,會在很多時候開誠布公地昭示自己的上進心,不斷地許諾我要怎樣怎樣,但是幾乎從來沒有辦到過。後來,我認真反思了一下,意識到自己許諾時往往想的是成功達成後的喜悅,但實際執行時是痛苦的,而目標對於自己當下的狀態而言又很遙遠,所以很難堅持下來。」

　　「嗯嗯,說得很對。」「是啊,我也是這樣。」

第七章　讓自律融入日常，成為你的生活標籤

聽到大家和自己的感受一樣，小倩接著說道：「最後，我找到了解決方法，那就是不要高談闊論，不要雄心壯志，每天只要做到跟之前相比有一點點進步，並且這個改變不會讓你感到痛苦，漸漸地，你就會將這一點點增加成一個甚至多個新的習慣，到那時，你就會發現自己已經在不知不覺中改變了很多，實現了自律。」

聽了小倩的話，大家都陷入了沉思。

像例子中的桃子和曾經的小倩一樣，我們身邊的人以及我們自己，總是會在某個特殊的時間點，或是生日，或是跨年，或是看了一場勵志電影後，滿懷鬥志地為自己定下一個遠大目標：明年我要考上研究所、下一次我一定拿到多益金色證書、半年內我要升遷加薪⋯⋯以期成為讓自己自律的動力，而後，卻在不斷流逝的時間裡，輕易被鈍化，很快回歸到一如既往的穩定狀態。

這種「作秀式」的自律，相信每個人都不陌生。為什麼我們會這樣不斷地給自己希望，給自己夢想，又不斷地糟踐它、放棄它呢？

其實，原因就像小倩說的那樣，希望的結果總是美好的，但希望實現的過程是無比痛苦的。尤其是對我們這樣大多數輕易會被生命的本性如懶惰、享樂、貪婪支配的人來說，想要在一瞬間轉變，實現火箭式的進步，簡直就是天方夜譚。

所以，在你尚且保有一點上進心的時候，最好趁早放棄這種「搖身一變」的奢侈願望，不要期待於馬上成為一個行動的巨人，而要著眼於成為一個更好一點的自己，每天只進步一點點。

那麼，具體該如何去做呢？

首先，摒棄「結果導向」的激勵作用。

回想過去，你是否經常替自己制定這樣的計畫？

- 一個月內我要瘦下來；
- 教甄我一定要考過；
- 一年的時間我要掌握一門外語⋯⋯

這種計劃方式，其實就是將注意力放在了目標的達成上，站在結果的角度去考慮問題，而缺乏對過程的關注。

也就是說，你只想著「瘦下來」、「考過」、「掌握一門外語」之後的幸福快樂的生活，而沒有真正考慮該如何去做、要經歷怎樣的磨練才能實現這樣的目標。暢想願望的美好當然沒有錯，很多創業者、CEO 也常常向員工們描繪未來的宏偉藍圖，以此作為激勵，但是對於一個單槍匹馬想要改變自己的個體而言，過於在意結果，只會讓你更聚焦於現實和理想的巨大差距，而不是如何採取和保持行動，這便是讓你堅持不下去的根本原因。

第七章　讓自律融入日常，成為你的生活標籤

你想瘦下來，無非是受到「你不瘦下來根本不知道自己有多美」、「瘦下來的人生簡直就像開了掛」的激勵，但在拚命鍛鍊、狠心斷了甜食幾天後，發現身材毫無變化，對比忍受的痛苦和遙遠的目標，你被那美好願景引發的鬥志便會瞬間煙消雲散，考證照、學外語同樣也是如此。

但就此放棄的你仍會不甘心，氣自己 3 分鐘熱度，而後再度整裝待發，接著還是放棄，又陷入自責中。

你不斷地想改變自己，改變現狀，但每次都是折騰了一通還在原地踏步，問題的關鍵到底是什麼？缺乏動力？沒有執行力？沒有信念？沒有毅力？

的確，無法堅持下來的你，確實缺乏這些特質，但是要知道，一個人的信念、毅力、執行力是要在他真正想去做一件事情的時候，才會得到最充分的展現。換言之，你不是沒有動力、毅力、信念，而是你沒有找到一件讓自己展現出這些可貴特質的事情。

你只想著趕快達成結果，無法從正在做的事情中獲得快樂、成就感，不能感受到自己正在被充實，所以無論做什麼，你都好像在受刑，在完成一個強制的任務時，倍感煎熬和痛苦，也就很難堅持下去。一旦放棄，你又會替自己冠上各種消極的標籤，讓自己變得更焦慮。

怎樣改變呢？換「結果導向」為「過程導向」。

自律的人生可以「每天進步一點點」

你可以有遠大的目標,但不要把這個目標放在肩膀上壓著自己,恨不得馬上就能實現它。要知道改變自己或者說成功、自律不是一蹴而就的,在你的能力、意志力等一切與成功相關的因素處於較低水準時,過分關注目標反而會造成抑制作用。

將結果導向轉換為過程導向,去享受自己慢慢改變的過程,從這個過程裡小小的進步中不斷肯定自己獲得正向回饋,而非讓自己去忍受、堅持,這樣你的行動力才能經久不衰。

在這裡我們引入一個微習慣的概念。大多數人都應該知道,習慣養成是一個漫長的複雜的過程,想要很快改掉一個壞習慣或者養成一個好習慣,是不可能的事情,但是當我們刻意去做時,還是可以用一些技巧縮短習慣養成的時間和難度的,那就是從微習慣入手。

所謂「微習慣」,就是人們為培養一個習慣,一開始所進行最簡單的、毫不費力的行為,這是行為科學家福克(B. J. Fogg)作出的解釋。

本質上來看,微習慣和每天進步一點點如出一轍,它包含以下幾個特點:

- 每天需要且只需要一次;
- 它無須你費多少氣力和時間,輕輕鬆鬆就能完成。

第七章　讓自律融入日常，成為你的生活標籤

舉個例子，比如你想瘦肚子，那就從每天 5 個仰臥起坐開始；你想學好英語，那就從每天掌握 5 個單字開始，這些事情很小，很簡單，很容易完成，也因此，你不會感到痛苦和煎熬，稍微用點心就能堅持下去。慢慢地，當你熟悉了這個節奏，這些行為就會變成像呼吸一樣本能的東西，每天無須刻意提醒，你就能自然而然地去做，到這時，你就可以酌情增加力度，如此重複，不久後一個新的好習慣就養成了。

當然，這過程中還有一個問題不可忽視，小的事情容易做，但同樣也容易被遺忘。所以我們要給自己做好提醒，包括兩方面。

一是開始前，提醒自己不要忘了這件事，可用的方式有便利貼、備忘錄、鬧鐘等。

二是完成後，給予自己獎勵，意在告訴自己再接再厲，可用的方式包括物質犒勞（美食、衣服、影片、禮物等自己當下想要的東西）和精神慰藉（定期的感恩小記、心得總結等）。

剛開始做時，你可能會覺得這些事情太小了，即使堅持下來也沒什麼意義，但請相信你自己的求知欲和上進心，當你從這日復一日在做的小事中體驗到自主性，感受到收穫和進步時，你會主動去做更多，在無形中變得自律。

自律的人生可以「每天進步一點點」

　　正如《象與騎象人》中的那句話，真正的自律，是積極主動地自我實現。而這種積極主動正是從那一點點開始的，一次次微不足道的進步在時間的加持下，成為驚人的改變。

第七章　讓自律融入日常，成為你的生活標籤

懂得取捨，方得自律

前幾天，一個朋友找我聊天，說自己最近活得很累。

「不常說自律的人更自由嗎？為什麼最近的我這麼自律卻更辛苦了呢？」他不解地抱怨道。

「怎麼了呢？」我問。

「我每天6點半起床，匆匆忙忙地趕到公司，然後開始專心致志地工作，一直加班到晚上10點才回去，但是我的工作總是完成不了，而且主管還覺得我不用心，什麼都沒做好。我真的好累啊，我早早起床，三餐迅速解決，更不會在生活瑣事上浪費時間，卻還是處理不完那一堆事情。」說著，他嘆了一口氣。

「首先，你這根本不算是自律，只能被稱作是『強迫式節省時間』，你總覺得是在被逼著完成任務，最終還不能讓人人滿意，身心俱疲，所以覺得很累。」

「那我該怎麼辦？我本來很喜歡這份工作的，現在卻整天被主管罵，都有點牴觸了。」他垂頭喪氣地說道。

「依我看來，你現在最應該做的就是學會『取捨』，工作雖多，但總有輕重緩急之分，你不能全都一視同仁，把重要的做好，緊急的先做，至於那些瑣碎的小事暫時先別去想。」

他聽了，默默地點了點頭。

懂得取捨，方得自律

工作也如人生，人生在世，有太多東西需要我們去背負，如果每一件都攬在肩上捨不得丟棄，最終往往是「撿了芝麻，丟了西瓜」。

就像例子中「我」的朋友，對於工作，他不是不熱愛，也不是不夠上心，卻總是事倍功半，原因就是他不懂得取捨，不管大事小事、重要的還是不重要的，都一股腦兒地想要做到最好，結果往往一件也做不好。

這種不懂取捨也正是擾亂他自律的根本，看似每天作息規律，不放縱不怠慢，實際上留存下來的精力都被不重要的事情浪費了，真正用到「進階事項」上的卻寥寥無幾，這本質上還是無法抵擋得住干擾和誘惑，又怎麼能算得上自律呢？

其實，真正自律的人，都是懂得取捨的人，越自律，越是勇於捨，因為他清楚地知道自己想要什麼。

范姐一直是朋友們心中的女性榜樣，年紀輕輕的她不僅經營著一家自己的公司，從事著自己喜歡的事業，還活得十分輕鬆精緻，不像有些公司老闆，有錢不假，每天卻忙得要死要活。

不少人都曾向她討教生活得如此成功卻又愜意的祕訣，范姐每次都會淡淡地吐出兩個字：「捨得。」

不想穿的衣服，那就扔掉或送人；不要糾結於哪個佩飾和哪套衣服、哪種妝容更搭；你打定了主意要做一件事情的時候，就不要考慮太多其他的，然後猶豫不決。

第七章　讓自律融入日常，成為你的生活標籤

　　她美麗精緻，不是因為她的穿搭多麼時尚，而是源於她的自信，即使最簡單的衣服、飾品穿戴在她的身上也依然能讓人眼前一亮；她活得輕鬆，不是她有三頭六臂，而是她總能快速準確地處理好公司的事務，然後頭也不回地去享受，不會患得患失；她氣色好、頭腦清晰，是因為她作息規律，睡眠充足，還能從一眾瑣事中抽身，不受其擾。

　　可以說，范姐能活成朋友心中的標竿女性，全憑自律，而她的自律，本質上就是懂得取捨。

　　用她的話說：「世界上美好的東西多了去了，你不能指望著全放進自己口袋吧，那有可能嗎？」

　　幾千年前，莊子就曾感嘆：「吾生也有涯，而知也無涯。以有涯隨無涯，殆已。」人生苦短，而知識無盡，用有限追尋無限，又怎麼能夠達成呢？

　　莊子好學，以知識為對象發出這樣的感慨，當然每個人追求的東西不同，但本質上都可以用一個詞概括，那就是「欲望」。

　　人的生命是有限度的，欲望卻是無窮盡的，以有限的生命追尋無窮的欲望，必然不可行。從這一點來看，取捨，其實就是對欲望的有序。

　　你最想得到的是什麼？你最想去做的是什麼？你最想成為什麼……將所有欲望中最膨脹的那一個擇出，以此作為自

懂得取捨，方得自律

己的行動指南，那麼你所做的事情都會圍繞著這個「欲望」進行，不會輕易被旁事分心，自律也就自然而然地形成了。

懂得取捨，方得自律。

柯林頓說：「決定人生的並不是你選擇了什麼，而是你選擇放棄什麼。」

義大利著名男高音歌唱家帕華洛帝在孩提時期，有著廣泛的興趣愛好，他既喜歡音樂，也喜歡科學，既想當教師，也想做工程師。他每天都在做自己喜歡的這些事情，卻總感覺到吃力。

後來，在父親的告誡下，帕華洛帝明白了其中緣由，果斷選擇在音樂領域深造，日復一日地練習歌唱，最終成為家喻戶曉的歌唱家。

每一個在世間行走的人，都背著一個布袋，邊走邊放入拿出，取放之間，人們總是猶豫不決。放入不易，拿出更難，所以很多人一生都在糾結裡負重前行，碌碌無為。而那些將沉重但不緊要的包袱卸下的人，得以輕裝上陣，更好地追尋自己真正想要的，最終成就了美麗人生。

有時候，放棄並不意味著懦弱、逃避或是能力不足，反而是一種認清自我、堅定自我的表現，也是一種及時止損、繼續前行的方式。

國家圖書館出版品預行編目資料

不焦慮的自律力，打破生活中的虛偽儀式感：從「明天再說」到「現在就做」，為目標設定時限，不要忙碌一圈又轉回原點！/ 張曉蔓 著. -- 第一版. -- 臺北市：樂律文化事業有限公司, 2025.01
面；　公分
POD 版
ISBN 978-626-7644-10-2(平裝)
1.CST: 自我實現 2.CST: 生活指導 3.CST: 成功法
177.2　　　　　　　113019739

不焦慮的自律力，打破生活中的虛偽儀式感：從「明天再說」到「現在就做」，為目標設定時限，不要忙碌一圈又轉回原點！

作　　　者	：張曉蔓
責任編輯	：高惠娟
發 行 人	：黃振庭
出 版 者	：樂律文化事業有限公司
發 行 者	：崧博出版事業有限公司
E - m a i l	：sonbookservice@gmail.com
粉 絲 頁	：https://www.facebook.com/sonbookss/
網　　　址	：https://sonbook.net/
地　　　址	：台北市中正區重慶南路一段 61 號 8 樓

8F., No.61, Sec. 1, Chongqing S. Rd., Zhongzheng Dist., Taipei City 100, Taiwan

電　　　話	：(02) 2370-3310	傳　　　真	：(02) 2388-1990

律師顧問：廣華律師事務所 張珮琦律師
定　　　價：350 元
發行日期：2025 年 01 月第一版

◎本書以 POD 印製
Design Assets from Freepik.com